新潮新書

鈴置高史

SUZUOKI Takabumi

韓国消滅

1057

新潮社

はじめに――120年前に先祖返り

「韓国がおかしくなったな」と思ったのは21世紀に入った頃だ。出生率が日本を下回ったというのに、いっこうに危機感が高まらない。少し前までの韓国ならメディアは大騒ぎし、野党は政権を非難し、政府は国を挙げての対策をすかさず打ち出したはずだ。

少子高齢化の症状はすぐには出ない。だが、隣の日本がすでに悩んでいたのだ。韓国メディアは日本を笑うばかりで、同じ病に罹った自らを省みなかった。

次に首を傾げたのは民主政治の後退である。1987年の民主化により権威主義的な政治体制は打破され、拷問も言論弾圧も不正選挙もなくなった。今や、韓国の人々は自由に意見を述べることができる。しかし、その多様な意見に折り合いをつける仕組みは結局、生まれなかったのである。

韓国と同じ頃に民主化した台湾が「独立か、統一か」という妥協が不可能に見えた党派対立を乗り越えて「現状維持」で合意を作り上げたのと対照的である。

韓国では民主化の後も、大統領は悲惨な末路をたどるのが通例である。任期末に子供が逮捕されるか、敵対する後継政権によって起訴されるか、あるいは自殺に追い込まれるか、の3択しかない。

しかし、韓国紙はこの異様さを疑うこともなく「日本を超えた民主主義」を祝っている。民主化後の10年間と比べても、妥協の精神はあきらかに後退した。21世紀に入っての韓国は、内紛に明け暮れた末に滅んだ李氏朝鮮を思わせるものがある。

韓国人は妥協なき政治のツケを外交で支払うこととなった。おりしも米国と中国の間で新たな冷戦が始まった。というのに、どちらの側につくかで国民の合意を作れない。その結果、韓国は米国と同盟を結びながら、両大国の間で右往左往する極めて不安定な国となった。

政権交代のたびに基本的な外交姿勢を変える韓国。当然、周辺国からは信用されない。だが、オピニオン・リーダーは「米中を手玉にとって日本を叩く天才的外交」と自画自賛するばかりだ。李朝末期の指導層が国際情勢の激変を読めず、国の針路を決定的に誤った歴史を彷彿とさせるものがある。

もちろん、現代の韓国と李朝とでは異なる点もある。経済発展だ。2023年現在の

ＧＤＰの規模は世界14位前後。人口減により順位が落ち始めたとはいえ、１２０年前の貧しい国ではない。韓国は世界最大のメモリー生産国だ。サムスン電子は世界の半導体業界で、現代自動車グループは自動車業界で、それぞれトップグループの位置を占める。

だが、その経済的な成功が韓国人の目を曇らせた。国の生死にかかわる問題——急速な人口減少や民主主義の後退、国際的な信用の低下——に直面したというのに、韓国人は「世界に冠たる我が国」に自己陶酔するばかりで解決に動かない。

この本は韓国が混迷期に突入したことを伝えるのが目的だ。世界最悪の少子高齢化については第1章で詳述した。韓国は中国からの大量の移民で乗り切ろうとしている。この面からも中華帝国の一部に戻ることになる。

民主政治の問題は第2章で記した。読者はその底の浅さに驚くであろう。第3章は外交的な迷走を描いた。国際的な孤立が深まれば、韓国は核武装する可能性が高い。第4章では特殊なのは日韓関係ではなく、韓国であることを説明した。

韓国は今、急速に変化している。彼は昔の彼ならず、なのである。

記事や談話を引用した人の肩書は当時のものである。引用した文章で筆者が補った部分は［］に入れた。

韓国消滅——目次

第2章　形だけの民主主義を誇る　50

第1章　世界最悪の人口減少

1　日本より急な少子高齢化

韓国の異様な少子化に世界が驚いた。2023年の韓国の合計特殊出生率が世界最低水準に落ち込んだからだ。OECD（経済協力開発機構）に加盟する先進38カ国中、唯一「1」を下回る。そのうえ下げ止まる気配がない。

「底」が見えない

合計特殊出生率（以下、出生率）とは、ある国や地域の「次世代を生みだす力」を示す。1人の女性が一生の間に産む平均的な子供の数の推計値で、15歳から49歳までの女性の年齢別出生率を足し合わせて算出する。移民を考慮しなければ、人口を維持するには2・1が必要とされる。

韓国の出生率は2021年の時点で0・81と、すでにOECDでワースト1位を記録していた（図表1）。翌2022年には0・78に落ち、ついに2023年の0・72に至ったのである。2024年の第1四半期も0・76で、前年同期の0・82と比べ、0・06ポイント下がった。

図表1 先進38カ国中の出生率ワースト10

順位	国名	出生率
1	韓国	0.81
2	スペイン	1.19
3	イタリア	1.25
4	日本	1.30
5	ポーランド	1.33
6	ポルトガル	1.35
7	リトアニア	1.36
8	ルクセンブルク	1.38
9	ギリシャ	1.43
10	カナダ	1.43

（2021年、出所：OECD）

世界銀行による2022年時点の集計では、世界215カ国・地域中、韓国は0・8で香港（0・7）に次ぎワースト2位だった。韓国の急激な下げ方から見て、2023年以降は香港を抜き世界一になっている可能性がある。

図表2は日本と韓国の出生率の推移を示すグラフだ。韓国の出生率は1970年以降、ほぼ日本を上回っていた。しかし、IMF（国際通貨基金）危機後の2001年に1・31に落ち、日本（1・33）を下回った。

その後、日本と雁行状態を維持していたものの、2015年を境に急激に下落。20

図表2　急速に落ちる韓国の出生率

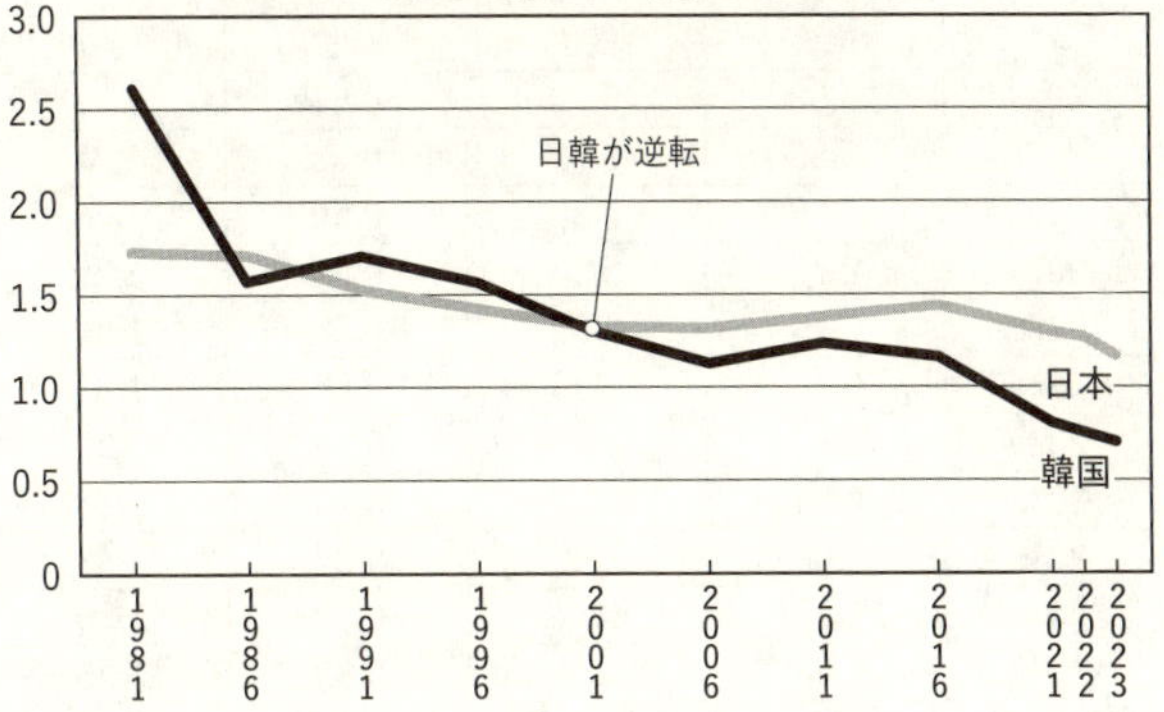

（出所：韓国統計庁、厚生労働省）

18年に「1」を割り込んだ後も「つるべ落とし」を続けている。

見通しも暗い。韓国統計庁が2023年の出生率を発表したのは2024年2月28日。その2カ月前の2023年12月14日、統計庁は「将来人口推計：2022－2072年」を公表した。

それによると、「もっともあり得そうな」中位推計で、出生率は2025年に0・65まで落ち込んだ後に上向きに転じる。ようやく2036年に1・02と「1」を上回り、2070年に1・08に回復する。

楽観的な高位推計では2024年の0・70を底に回復し、2026年に0・80、2070年には1・34まで戻す。だが、悲観的な低位推計

図表3　韓国出生率の推計値

	中位	高位	低位	日本（中位）
2024	0.68	0.70	0.67	1.27
2025	0.65	0.75	0.63	1.27
2026	0.68	0.80	0.59	1.28
2027	0.71	0.84	0.61	1.29
2028	0.75	0.89	0.63	1.30
2029	0.78	0.93	0.65	1.31
2030	0.82	0.98	0.67	1.32
2035	0.99	1.21	0.76	1.33
2040	1.05	1.30	0.80	1.33
2050	1.08	1.33	0.82	1.35
2070	1.08	1.34	0.82	1.36

（出所：韓国統計庁、国立社会保障・人口問題研究所。推計は2023年時点）

では2026年に0・59となるまで落ち込みは止まらず、2070年になっても0・82と「1」を回復できない（図表3）。

信用を失った政府推計

統計庁の出生率に関する見通しは外れ続けてきた。2019年発表の推計では、出生率（中位推計）は2021年の0・86で底を打つと予想した。しかし、2年後の2021年の推計で底は2024年の0・70と下方修正した。そしてさらに2年後の2023年発表で、底は2025年の0・65とまた見直したのだ。

目の前にあるように見えて、いっこうに行きつかない逃げ水のようだ。「底」も改訂のたびに深くなる。2023年の推計（中位）では0・65

（２０２５年）が底と見るが、２０１９年の推計では「低位」でさえ底は０・72（２０２２年）だった。

たった数年先も大きく外す出生率推計はすっかり信用を失った。財界団体、韓国経済人協会の専門家は「統計庁の推計は将来、女性の出産意思が現在より改善することを前提にしている」「現在の出生率の下落スピードを考えた場合、低位推計を下回ることもあり得る」と述べた。低位推計さえも楽観的と宣告したのだ。朝鮮日報の「悲観シナリオよりも悲惨に…全ての人口指標がＯＥＣＤでどん尻」（２０２３年12月18日）が伝えた。

確かに、「出産」の前提となる「結婚」の意思も急激に衰えている。統計庁が２０２３年12月15日に発表した「韓国社会動向２０２３」によると、「結婚したい」と考える20歳代の男性は２００８年の71・９％から２０２２年の41・９％へと大幅に減った。20歳代の女性でも52・９％から27・５％に急減した。

「結婚しない」理由の第１位は男女ともに「資金不足」で、第２位は「必要性を感じない」だった。韓国では日本同様に婚外子が極めて少ない。２０２０年のＯＥＣＤ加盟国の平均が41・９％なのに対し、韓国は２・５％だ。

NYTが「韓国は消滅」

世界が韓国の異様な少子化に気付いたのは2023年末だった。同年の第1四半期の出生率は0・81だったものの、第2、第3四半期がいずれも0・70に下落したことが判明したからだ。

韓国の出生率は年末に近づくほど落ち込む傾向がある。第3四半期のデータが判明した時点で2023年には「史上最悪」「世界最低」となることが十分に予想されたのである。実際、のちに発表された同年の第4四半期の出生率は0・65だった。

12月2日、ニューヨーク・タイムズ（NYT）は「Is South Korea Disappearing?（韓国は消えつつあるのか？）」というセンセーショナルな見出しの記事を載せた。筆者はコラムニストのR・デュダット（Ross Douthat）氏だ。

「14世紀に黒死病で人口が急減した欧州のように、韓国の人口も1世代後には200人が70人に減る」と世界でもまれな出生率の低さに驚いたのだ。NYTは韓国では世界一権威ある新聞と見なされているだけにショックは大きく、ほとんどの韓国紙が転電した。

NYTに続き、CNNも「South Korea to see population plummet to 1970s levels, government says（韓国の人口が1970年代の水準に激減　政府発表）」（12月15日）、「South Korea's military has a new enemy : Population math（韓国軍の新たな敵は人口推計）」（12月29日）と相次ぎ報じた。「韓国消滅」は世界のメディアの定番ネタになった。

人口減少でマイナス成長に

こうした外国での報道に触発され、韓国紙には「ピークに達した韓国経済」を報じる記事が溢れ始めた。「衰退する日本、躍進する韓国」が2010年あたりから社会の合言葉になっていただけに「あのダメな日本と同じ運命をたどる」とのニュースに韓国人は大きな衝撃を受けたのである。

韓国銀行は2023年11月30日、研究報告書「中長期深層研究　超低出産と超高齢化社会：極端な人口構造の原因、影響、対策」を発表。「手を打たねば2050年代にマイナス成長に陥る可能性が68％ある」と警告した。

韓国経済人協会はさらに悲観的な予測を打ち出した。朝鮮日報の「より早まる人口減少の危機、来年から出生率0・6％台」（12月15日）によると、「経済成長率は2030年代に0％台に突入、2047年にマイナス成長に陥る」。

図表4　これから急減する韓国の生産年齢人口（1960－2070年）

	韓　国	日　本	日本÷韓国
1960	1369万8341	6000万2000	4・4
1970	1754万0152	7156万6000	4・1
1980	2371万6967	7883万5000	3・3
1990	2970万0607	8590万4000	2・9
2000	3370万1986	8622万	2・6
2010	3620万8564	8103万2000	2・2
2020	3737万8502	7292万3000	2・0
2030	3416万5560	7075万7000	2・1
2040	2902万9154	6213万3000	2・1
2050	2444万7839	5540万2000	2・3
2060	2068万6964	5078万1000	2・5
2070	1711万1187	4535万	2・7

（出所：韓国統計庁、国立社会保障・人口問題研究所）

韓国経済が縮む原因はもちろん、人口減少——厳密には、働く世代「生産年齢人口」（15－64歳）の急減である。図表4は日韓両国の生産年齢人口の推移だ。

韓国の数値は統計庁のデータ・ベース「KOSIS」、日本は国立社会保障・人口問題研究所の「日本の将来推計人口（令和5年推計）」から拾った。予測値はいずれも中位推計である。

日本に24年遅れ

日本の生産年齢人口のピークが1995年であるのに対し、韓国は2019年。韓国は24年間遅れて働き手減少による経済規模の縮小リスクに直面した。

2022年の日本と韓国の総人口は1億24

95万人と5167万人。うち、生産年齢人口はそれぞれ7509万人と3674万人。この時点で韓国は日本の49％の生産年齢人口を持つ。それが2070年には4535万人と1711万人に。韓国の生産年齢人口は日本の38％に縮む見通しだ。

韓国メディアも「日本以下に堕ちる」との悲観論を語り始めた。中央日報のキム・ギヨンヒ記者は「低成長よりも恐ろしいこと」（2023年12月14日）で「人口減少による厄災が日本程度で終るのなら、まだ幸せだ」と書いた。

韓国経済衰退の兆しを示すデータも登場した。2023年の韓国の実質GDP成長率は1・4％だった。一方、日本のそれは1・9％。成長率の日韓逆転は韓国が経済危機に陥った1998年以来25年ぶりだ。

「日本よりも下」となったことを受け入れ難いためだろう、成長率の逆転は半導体市況の低迷や中国の景気回復の遅れといった短期要因に原因を求める韓国人もまだいる。

だが、働く意思を持つ人の数である労働力人口が頭打ちになれば、GDPが伸び悩むのは当たり前だ。1人当たりの生産性は容易には上昇しないからだ。そして労働力人口は生産年齢人口に制約される。成長率の鈍化は韓国が衰退のとば口に立った証拠と見るのが常識だ。

介護は放棄、若者は脱出

「少人数国家として生きて行けばいい」との声も韓国ではあがる。少子化には抗えない以上、素直に受け入れオランダやベルギーのような小さいが成熟した国を目指せ、との意見だ。しかし、「小さくなれば解決する」という問題ではない。縮む過程こそが危機を呼ぶ。

出生率が急激に落ちる社会とは、人口構成がピラミッド型から逆ピラミッド型に急変する世界だ。高齢者の医療費が急増する一方、それを負担する働く世代――生産年齢人口が急減し、財政が悪化する。韓国よりも一足先に日本がその病に苦しんでいる。ただ、「悲惨な未来が待つ」とされる日本以上の「悲惨な未来」が韓国を待つ。

２０２２年の韓国の全人口に占める生産年齢人口の比率は71・１％でＯＥＣＤ加盟国の中で最も高い。しかし、２０７０年には46・０％（中位推計）へと25・１％ポイントも激減する（図表５）。ＯＥＣＤ38カ国中、韓国だけが50％を下回る。２０７０年の65歳以上の人口は47・５％で、１人の高齢者を１人弱の働く世代で支えざるを得ない。

一方、日本の生産年齢人口の比率は２０２２年が59・４％で、２０７０年は７・３％

図表5　生産年齢人口の比率で日本を下回る韓国

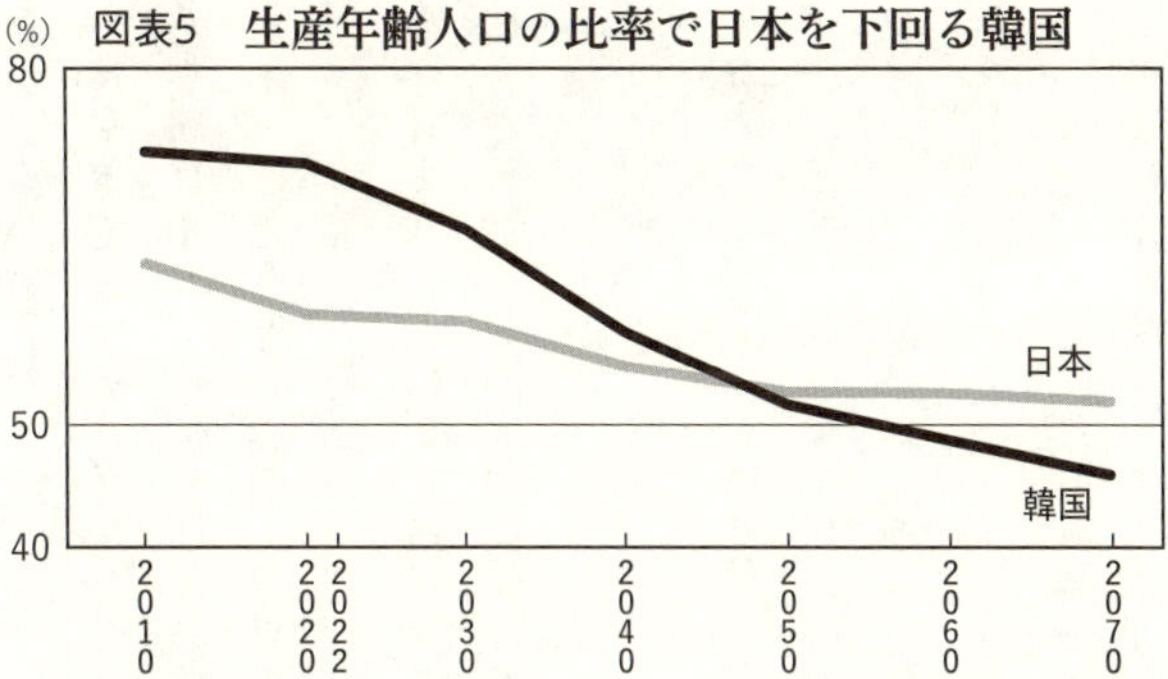

（出所：韓国統計庁、厚生労働省）

ポイント減の52・1％（中位推計）。同年の65歳以上の人口は38・7％なので1人の高齢者を1・35人の働く世代が支える見通しだ。図表1が示す出生率の差が、時とともに効いてくるのだ。

急速に膨らむ政府債務

韓国の政府債務はすでに膨らんでいる。２０１８年まで一般政府債務（Ｄ２基準）はＧＤＰ比40〜41％で推移してきたが、２０２３年には55・２％に跳ね上がり、非基軸通貨国としては危険水域に突入した。ＩＭＦは２０２９年には59・４％に上昇すると予測した。

文在寅（ムン・ジェイン）政権のバラマキ政策が引き金となった。尹錫悦（ユン・ソンニョル）政権は財政健全化を掲げるが、一度膨らんだ予算は元に戻しにくい。そのうえ今後、高齢者医療などの歳出増がのしかかってくるのである。

NYTでR・デュダット氏は「高齢者の放擲、巨大なゴーストタウン群、廃墟となった高層ビル群、高齢者扶養の負担に耐えかねて脱出する若者——。韓国にとっていずれも不可避だ」と暗黒の近未来を予言した。

決して荒唐無稽な予想ではない。2019年以降の5年間、国籍放棄者は年平均2万7361人。人口が2倍以上の日本が10分の1以下の2676人だから、自分の国に見切りを付ける韓国人がいかに多いか分かる。国籍放棄者の予備軍である海外移住者数も右肩上がりである。

兵力が減少するから核武装

韓国は異次元の少子化に直面した。米国では「韓国消滅」と注目が集まる。ところが、日本メディアはその深刻さをさほど報じない。せいぜい「日韓共通の課題」程度である。

韓国の少子化をはやしたてれば、「目くそ鼻くそを笑う」と揶揄されると恐れてのことだろう。だが、韓国の少子化は「鼻くそ」どころではないのだ。

「急激に縮む韓国」を日本が正しく見据え、適切に対応しているとはとても言い難い。

岸田文雄政権は量子や宇宙など先端分野で韓国との共同研究に乗り出すと表明した。国の生き残りをかけて開発した先端技術の成果を、平気で競争国に教えるのは「衰退する日本は躍進する韓国と手を組むしかない」との判断からだろう。

最大手紙、朝鮮日報の「【特派員レポート】日本と並んで歩む法」（２０２３年12月９日）が興味深い。サムスンに次ぐ総資産２位の財閥であるＳＫグループの崔泰源（チェ・テウォン）会長が２０２３年11月30日に東大で、日本は韓国との協力が必須と呼びかけたことを報じた。記事の最後に載った匿名の日本の大学生の談話が以下だ。

・老衰した日本経済を案じる韓国の崔会長の忠告を肝に銘じたい。

こう語った日本人が本当にいたかは分からない。確かなことは、「衰退する日本、躍進する韓国」という宣伝を日本人に信じ続けて欲しい、と韓国人が願っていることだ。

出生率の急低下は核武装論にも弾みを付けた。徴兵制の韓国では、少子化が直ちに兵力の減少につながるからだ。朝鮮日報の楊相勲（ヤン・サンフン）主筆は「【楊相勲コラム】最近、街角で見かけないもの」（２０２４年１月４日）で「『60万の国軍、50万の陸軍』と唱えてきたが、20年後に陸軍は19万人余りに縮小する」「北朝鮮は陸軍100万人を維持し続けるだろう。兵力の少ない国が圧倒的な兵力に対抗する方策が核武装である」と書いた。

「韓国の中国化」も見落とせない。韓国は日本と同様の比率で外国人を受け入れている。中国人が5割を占める。永住権を取得後、3年間たてば外国籍のままで地方参政権を得るので、保守派は選挙を通じ中国に干渉されるとの懸念を強めている。2022年6月の地方選では外国人有権者が約12万7000人おり、うち約10万人が朝鮮族を含む中国人だった。

今後、少子化の進展により中国人の居住者が急増するのは必至だ。2023年の外国人人口は193万人で前年比10・4%増えた。一方、韓国人は同0・2%減の4983万人だった。

韓国を日米側に引きつけるために譲歩する、という岸田政権や外務省の対韓外交はこの面からも破綻する可能性が高い。韓国は急速にその姿を変えているのである。

2　IMF危機が諸悪の根源

なぜ、韓国の出生率は世界にもまれな速度で落ち込むのだろうか。ひとことで言えば、「生きづらさ」が原因だ。社会のありかたに由来するだけに、解決は容易ではない。

激しい競争圧力

前節で紹介した韓国銀行の研究報告書「中長期深層研究　超低出産と超高齢化社会」は生きづらさを「社会の競争圧力」と「経済的な困難さ」に分けて説明した。

「競争圧力」とは激しい競争社会の中で生きているとの強迫観念を指す。圧迫感を強く感じる人は子供を「勝ち組」に育てたいと願う。そこでブランド大学か医学部に送るために子供の数を絞り、教育投資を集中する。

アンケート調査によると、「競争圧力」を強く感じる集団の希望する子供の数は0・73人。一方、強く感じない集団は0・87人だった。

韓国の親が学習塾など私教育にかける費用は大きい。教育部と統計庁の調査では20

23年、ソウルの高校2、3年生の平均的な私教育費用は1カ月で100万ウォン（11万円）を超えた。

全国の小中高校生は2022年の528万人から521万人へと1・3％減少した。にもかかわらず、韓国全体の私教育費用は前年比4・5％増の27兆1000億ウォン（3兆円）だった。3年連続の増加である。

私教育が少子化を含め、様々な社会的問題を生んでいることは韓国政府も十分認識している。2023年の私教育費を前年比で6・9％減らす計画を立てていたが、ものの見事に失敗した。

「経済的困難さ」に関しても韓銀のアンケート結果が証拠となる。公務員や準公務員の未婚者のうち結婚を希望する人は58・5％。一方、非正規職の人は36・6％に留まった。結婚・出産は安定的な雇用が鍵を握るのだ。

危機までは呑気な社会

「競争圧力」も「経済的困難さ」も1997年の通貨危機、いわゆるIMF危機を脱出するための懸命の努力の副作用だ。日本的経営をお手本に終身雇用を原則としていた韓国企業の多くが、危機を契機に従業員の解雇に躊躇しなくなった。毎年、評価の低い従業員を自動的に馘首する企業も珍しくない。

非正規雇用の比率も一気に上昇した。２０２３年８月時点で賃金労働者に占める非正規職の比率は37・０％。給与水準は正規職の54％に過ぎなかった。

そんな激しい競争社会を子供の時から意識して育った世代が大人になって結婚・出産に逡巡するのも無理はない。出生率が急速に落ち始めた２０１５年は、１９９７年のIMF危機以降に学校に通い始めた世代が結婚を考える年代に突入した時分である。

自殺死亡率（以下、自殺率）――人口10万人当たりの自殺数――も韓国の「生きづらさ」を如実に示す。OECDが発表した加盟国の自殺率（図表６）によると、韓国が24・１（２０２０年）でワースト１位。２位のリトアニア（18・５＝２０２１年）、３位のスロベニア（15・７＝２０２０年）、４位の日本（15・４＝

図表6　先進38カ国中の自殺率ワースト10

順位	国名	自殺率
1	韓国	24.1
2	リトアニア	18.5
3	スロベニア	15.7
4	日本	15.4
5	ハンガリー	14.8
6	アメリカ	14.1
7	エストニア	13.6
8	フィンランド	12.9
9	ラトビア	12.7
10	クロアチア オーストラリア	12.4

（2021年か最新、出所：OECD
人口10万人当たりの自殺による死亡数）

2020年）と比べても突出している。韓国は世界一のストレス社会なのだ。

IMF危機以前の韓国は日本と比べ「呑気な」社会だった。1988年ごろまで日本の自殺率は20前後を推移。一方、韓国は1995年までは10以下で、日本と比べはるかに低かった。自殺率の差があまりに大きいため「すぐに思い詰める日本人、楽天的な韓国人」と民族性で説明されてもいた。

1997年に韓国はIMF危機に陥り、日本も金融機関の破綻が相次いだ。これを機に両国で自殺率が急上昇した。ただ、韓国の上がり方がより激しく、一時は30を超した。反対に日本は、アベノミクスのおかげもあって2010年代に入り下がった。日韓の自殺率逆転もIMF危機が契機だったのである。

大統領も「過当競争が原因」

2024年1月1日、尹錫悦大統領は国民への新年の挨拶で「教育、介護、福祉、住宅、雇用などの政策は少子化問題解決の助けにはなるが、根本的な問題解決にはならない。それは20年以上の経験で我々すべてが理解している」「我が社会の不必要な過当競争を改善することが極めて重要だ」と述べた。

韓国銀行の指摘した「競争圧力」が諸悪の根源と大統領も認めたのだ。韓国は少子化対策に2006年以降21年までに280兆ウォン（31兆円）を投入、日本と同様の出産補助金や男性の育児休業制度などを導入している。努力しなかったわけではないのだ。

この新年の挨拶は少子化問題に触れた韓国史上初の大統領演説と思われる。しかし「過当競争」が社会の構造に深く根差す以上、早急な改善は難しい。尹錫悦大統領も具体策として、就任時の公約である「地方の均衡発展」を再び持ち出すに留まった。

新聞の社説も具体案を提示することはまれだ。せいぜい「3人の子供を持つ家庭の大学生の授業料は免除する」日本の政策を見習え、と書く程度である。

国民も打つ手はないと諦めた様子だ。前節で引用した中央日報の「低成長よりも恐ろしいこと」は「敗北感に沈んで低成長を宿命のように受け入れることだけは警戒しなければならない」と訴えた。出生率の低下も、それによる経済の悪化も、避けようがない運命との諦念が韓国社会に広がったのだ。

新聞論調は「外国人労働者を大量に受け入れよう」との方向に傾いている。例えば、KAIST（韓国科学技術院）の李光炯（イ・グァンヒョン）総長は中央日報への寄稿「50年後には人口半減、常識破りの外国人受け入れを」（2023年12月26日）で「毎年

1万人ずつ生まれる子供が減っている。それなら毎年、1万人ずつ外国人を韓国人にすればよい」と提案した。

この計算は明らかにおかしい。毎年1万人ずつ出生数が減るのなら新生児の「減り幅」は累積的に拡大していくわけで「年に1万人の帰化」で追いつくはずがない。

そもそも、ベースとなるデータが誤っている。2023年の出生数は23万人で前年に比べ1万9200人少なかった。KAIST総長ともあろう人が真剣に考えた結果の提言とは思えない。韓国社会がまだ、少子化問題に真正面から向き合っていない証拠だろう。

ソウルは「億ション」だらけ

韓国人が少子高齢化による弊害に気付いたのは、少々遅すぎたかも知れない。生産年齢人口が減少する過程でしばしば罹る病――バブル経済の崩壊が始まったからだ。

生産年齢人口の減少は、前節で指摘した財政の悪化という緩慢な病の原因となるだけではない。バブル崩壊という急性の症状も起こす。

生産年齢人口が急増する局面ではカネ余りが発生する。支出以上に所得が増加するた

図表7　ソウルのマンションの平均取引価格

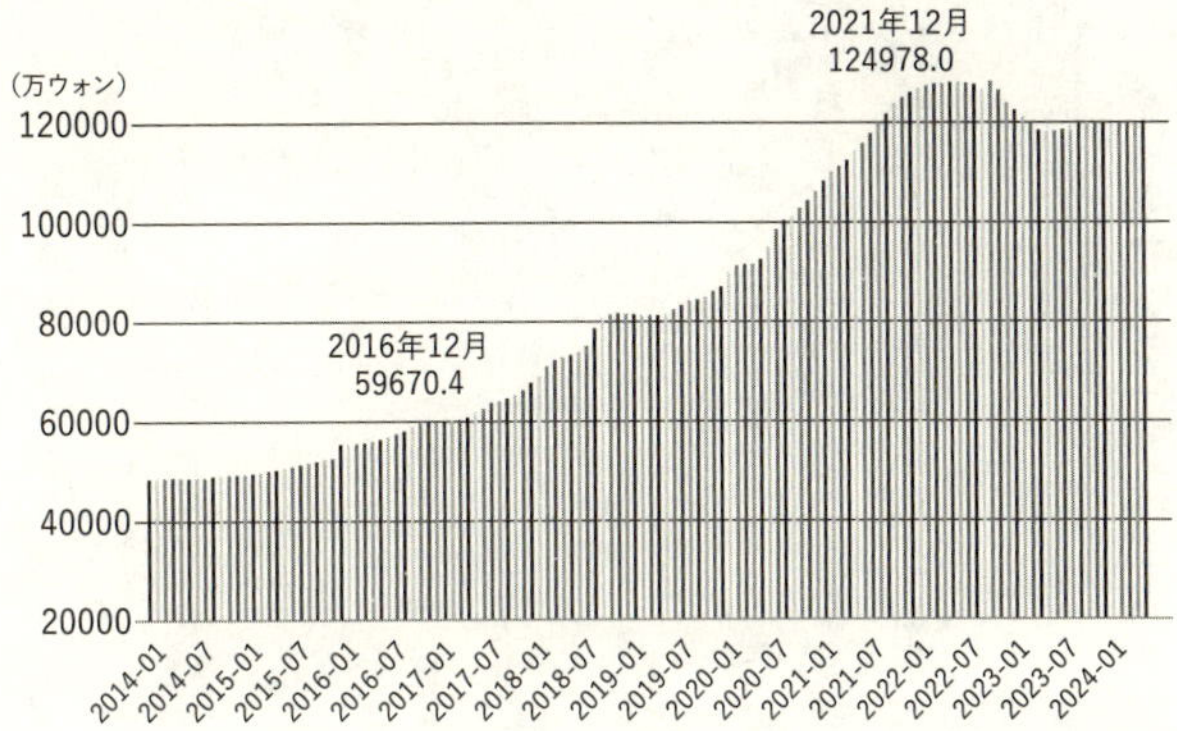

（出所：KB国民銀行）

めで、余ったおカネは株式や不動産市場に向かう。この極端な姿がバブルだ。そして生産年齢人口が減る局面では、おカネは市場から引き上げられ、引退した高齢者の生活費に回る。これが急ならバブルは崩壊する。

日本は１９９５年に、中国は２０１３年に生産年齢人口がピークアウトし、いずれの国もその前後に不動産と株式のバブルがはじけた。２０１９年にピークアウトした韓国も、２０２２年から不動産価格が下がり始めた。

図表７はＫＢ国民銀行が集計するソウルのマンションの平均取引価格の推移だ。２０１６年12月から２０２１年12月までの５年間で２・１倍に急騰し「同じ広さなら、東京のマンションより高い」と言われるようになった。２０２２

年12月の平均取引価格は12億6421万ウォン。1ウォン＝0・11円で換算すると1億3906万円。「ソウルは億ションだらけ」なのである。

マンション価格高騰がさらなる需要を生むという、バブルに典型的な現象も起きた。「今買わないと一生家を持てない」と焦った人々がカネを借りまくって何とか1軒を買おうとしたのだ。

それに加え新型コロナ対策で金融が一気に緩んだ。2020年5月から2021年8月まで政策金利が0・50％と韓国としては異例の低水準となり、住宅ローンを借りやすくなったことも火に油を注いだ。

文在寅政権（2017年5月－2022年5月）の政策ミスもあった。政権初期に「不動産投機を抑えるため」と称して住宅建設許可を大幅に絞ったのだ。ただでさえ需要が膨れあがっていた時に供給を絞ったのだから、価格が跳ね上がるのは当然だった。左翼政権らしい、市場原理を無視した大失策だった。

本質は生産年齢人口

もっとも、マンション価格高騰の根本的な原因は生産年齢人口のピークを2019年に迎えたことと見るべきだろう。2019年12月までの3年間ですでに44%も値上がりしていたのだ。

「借金しまくってマンションを買う」ことで膨らんだバブルはすぐにはぜた。ドル金利の上昇を受け韓銀が2021年8月以降、2023年1月までに政策金利を0・50%から3・50%へと段階的に引き上げると、利払いに苦しんで家を手放す人が相次いだ。

2023年の1年間で不動産の競売は前年比61%増の10万5614件にのぼった。10万件を超えたのは2014年の12万4253件以来、9年ぶりだ。ちなみに、韓国の住宅ローンは変動金利が過半を占める。

ソウルのマンション価格も2022年11月をピークに下がり始めた。2023年12月には1年前と比べ5・1%下げた。2023年、暴落を恐れた尹錫悦政権は借り手に極めて有利な住宅融資制度「特例・巣作りローン」を打ち出した。これがなかったら、さらに激しい下落を記録した可能性が高い。

だが、この程度下がっただけでバブル崩壊の症状が現れた。2023年12月28日、施工能力16位の泰栄（テヨン）建設が資金繰りに行き詰まり、債権団の協力を得て事業整理すると発表した。

要は経営破綻したのだ。同社は工事を受注するのと引き換えに、不動産開発の資金を調達するプロジェクトファイナンス（PF）に債務保証してきた。

同日が期限の480億ウォン（52億8000万円）を決済できなかったのだが、同社のPFに絡む債務保証の総額は3兆6000億ウォン（4000億円）にのぼるとも報じられた。当然、金融システム、ことに主な貸し手であるノンバンクの経営悪化が懸念された。

韓銀が「先送り」に警告

同じ12月28日に発表した「金融安定報告書（2023年12月）」で韓国銀行は警告を発していた。「高金利が市場の期待以上に長期化する中、不動産景気が萎縮すれば不動産関連の貸し出し比率が高いノンバンクの健全性が予想以上に早く悪化する危険がある」「脆弱性が目立つ不動産PFに関しては、事業継続か整理かを貸し手が迅速に決める必要がある」。問題を先送りしがちな尹錫悦政権の尻を叩いたのだ。

不動産景気の回復に望みを託し、金融機関はPFの返済期限を延長してきた。だが、マンション価格の下落で建設が相次ぎ中断し焦げ付く融資が増えると、2023年9月末の不動産PFの延滞率は2・42％にのぼった。2022年末の1・19％から9カ月で倍増した。

泰栄建設は氷山の一角だ。韓国紙は「次の泰栄」を報じ始めた。大手財閥系企業の名も挙がった。ここに来て政府も市況回復を待つほどに傷口を広げると判断、ようやく不動産PF問題の解決に乗り出したのである。

日本の金融庁に相当する金融委員会の金周顕（キム・ジュヒョン）委員長は12月22日、「不動産PFのキーワードは『軟着陸』と『秩序ある整理』である」と語った。

破綻事業を少しずつ整理することで不動産価格の暴落を防ぎ、新たな不良債権の発生を食い止める方針だ。しかし韓国の場合、不動産価格が5年間で2倍になるという異常な膨れあがり方だったのだ。「軟着陸」は容易ではない。

不動産市況の回復を待って不良債権の処理が遅れたことといい、銀行と比べ当局の監督が緩いノンバンク——日本の場合は住専、韓国では投資会社、証券会社など——から金融システム不安に火がついたことといい、日本の1990年代初頭の失敗を着実に追っている。

バブル崩壊が呼ぶ通貨危機

注目すべきは韓国の危うさは日本とは比べものにならないことだ。外貨準備を日本ほどに持たず、対外純資産も乏しい韓国。その金融不安は通貨危機を誘発する可能性が高い。

1997年のアジア通貨危機の際には韓国から外貨が一気に流出し結局、IMFの厳しい管理下に置かれる羽目に陥った。中堅財閥の相次ぐ倒産により、金融システムの動揺が懸念されていたことが背景にあった。

2008年のリーマン・ショックの時もウォンを大量に売られた韓国は米国、中国、日本に通貨スワップを結んで貰い延命した。危機時には通貨防衛の弾丸となる外貨準備を使って、ファニーメイ（連邦住宅抵当公庫）など破綻した米政府系の住宅金融機関の債券を380億ドルも買っていたことが発覚。これと民間金融機関の経営不安が相まって、激しいウォン売りを呼んだのである。

投機家は鵜の目鷹の目で弱点を探し出し攻撃を仕掛ける。2023年もバブル崩壊で韓国の金融システムに黄信号がともったことなど、とっくに見ぬいている。同年8－10月の毎月、外国人投資家は韓国の株式と債券の双方を売り越した。

これが3カ月間以上続いたのは資本市場が開放されて以降、3回しかない。1回がリーマン・ショック当時の2008年9－11月、残りの2回は一次産品価格の下落で発展途上国から資本が流出した2015－16年である。以上は韓銀の「金融安定報告書（2023年12月）」が指摘した。

個人負債もアキレス腱に

無理を重ねた韓国は動きがとれない。政府が主導する住宅融資制度も需要喚起のテコには使いにくくなった。家計債務——個人の借金が膨らみ、IMFから危険視されるに至ったからだ。韓国の2022年末の家計債務はGDP比で108・12％。IMFが集計した26カ国中、スイス（130・59％）に次いで2位だった。

ことに懸念されたのは、家計債務の膨張スピードだ。2017年末の91・96％に比べ、5年間で16・16％ポイントも上昇した。原因はもちろん不動産バブルに伴う借金である。

韓国銀行が2023年7月2日に野党議員に明かした「家計貸し出し現況」によると、同年第1四半期末時点で金融機関からおカネを借りている人は1977万人。うち、8・9％の175万人が所得より元利返済の方が多かった。所得の70％以上を返済に充ているケースを含めると、15・1％の299万人に達した。

彼らは破産寸前の人たちである。韓国の総人口は約5200万人で、経済活動人口は約2800万人。その1割以上が破産予備軍なのだ。実際、2023年1年間の個人再生の申請件数は12万1017件で、前年の8万9966件と比べ34・5％増えた。

韓国が人口減少由来のバブル崩壊の淵からはい上がるのは決して容易ではない。

3　なぜ、危機感に乏しかったのか

韓国は少子高齢化により国家消滅の危機に瀕した。ではなぜ、国の生死がかかる問題から韓国人は目を背けてきたのだろうか。

「少子化を指摘したら殺されますよ」

2008年、韓国の経済記者に「生産年齢人口の減少で韓国経済はいずれ縮小する可能性が高い。対策を考えているのか」と聞いたことがある。

この年、韓国の生産年齢人口は全人口の72・5%を占めており、その比率はまだ増していた。一方、日本のそれは64・5%。1991–93年の69・8%をピークに落ち続けていた。韓国は人口構成から見て、下り坂の日本とは真逆の絶好調な時期だった。

だが、韓国の出生率はすでに1・19と日本の1・37を下回っていた。新生児の減少は当然、15年後の生産年齢人口の減少要因となる。韓国の生産年齢人口やその比率が急減することは2008年の時点で十分に予見できた。実際、2011–16年の73・4%をピークに下がり始めた。

韓国の記者の答は意外なものだった。「韓国でそんなことを大声で言ったら、殺されますよ」。せっかく「世界に冠たる韓国になった」と国を挙げて喜んでいるのに、「衰退する日本の後を追う」などと言おうものなら韓国人を激怒させる、との忠告だった。

もっとも出生率の落ち込みが止まらず、日本の後追いが避けられないことが判明した2010年代に入ると、さすがに「少子高齢化で日本の轍を踏む」と警告する記者がわずかながら登場した。

朝鮮日報で東京特派員を経験した朴正薫（パク・ジョンフン）副局長兼社会部長は「【太平路】そんなに嫌いながらも日本の後を付いていく我々」（2012年11月8日）で危機感を露わにした。書き出しは以下だ。

・認知症の妻を殺害したソウル・ムンレ洞の78歳の老人の事件を見て、来るべきものが来たとの考えで胸が塞いだ。日本が一足先に体験した高齢化の絶望的な局面が結局、我々にも訪れたのだ。

・高齢者が高齢者の世話をする「老々介護」は、日本で深刻な社会問題になっている。

・ムンレ洞事件は何としても避けたかった日本型「高齢化の呪い」が我々にも訪れたことを警告している。

朴正薫氏は「ついに」高齢化時代がやって来た、と書いた。当時、これを読んだ筆者は「ついに」少子高齢化問題を韓国紙が本格的に取り上げる時代が来た、と思ったものだ。

人口問題は統一で解決？

ところが、そうはならなかった。むしろ日本の少子高齢化だけに焦点を当て、快哉を叫ぶ記事が主流となった。朝鮮日報は朴正薫副局長の記事を掲載してから1カ月もたたない12月2日、「【特派員コラム】〝日本の自殺〟」を載せた。筆者は車学峯（チャ・ハクボン）東京特派員。ポイントは以下だ。

・英エコノミスト誌は『2050年の世界』という本で、世界のGDPに占める日本の比率が2010年の5・8％から2050年には1・9％に減少すると予想した。

1人当たりのGDPが韓国の半分程度に落ちるとの予想もある。
・日本没落論の根拠は2011年に1億2700万人の人口が2050年には9700万人に減少することだ。高齢化率が23％から40％に上昇し、平均年齢は52・3歳に高まる。
・日本は人口減少を防ぐために出産拡大など多様な政策を展開したが、全て失敗した。開放的な社会の雰囲気を作り、外国人と一緒に暮らすしか方法はないのに「外国人嫌悪症」「排外主義」が高まっている。
・中国領事館建設計画に対し「近所がチャイナタウン化して犯罪が増える」と反対運動を繰り広げる。日本で生まれ税金を払ってきた在日韓国人から少額の献金を受けたことが大臣辞職の理由になった。
・内部の危機を解決できなかった無能を、外部に「敵」を作って転嫁しようという一部政治指導者の扇動が一般市民に伝染した証拠だ。

この記事が載った後、韓国の識者にその出生率を指摘して「韓国は自殺しないのか」と聞いてみたことがある。考え込んだ後の答は「北と統一すれば少子化問題は起きない」だった。当時、北朝鮮の出生率は「２・０」を上回ると考えられていた。

それにしても、いつ実現するか分からない「統一」を解決策にあげたのは、韓国社会で少子化問題が真剣に考えられていなかった証拠だろう。

結局、２０２３年になるまで――ＮＹＴに「韓国消滅」と書かれるまで、「少子高齢化」は韓国メディアで大きなテーマにならなかった。政府がいくら対策を打ち出しても、国民の間に少子化への危機感が高まらない限り空回りする。男性の育児休暇制度を作っても、社会に危機感が薄ければ活用されないのである。

世界が羨む韓国という虚像

後世の史家は「韓国は運が悪かった」と書くかもしれない。21世紀初頭に出生率が落ち始めたのと時を同じくして、韓国は異様な高揚感に包まれていた。

「日本に勝った！」「韓国が上だ！」「我々は世界一の民族だ！」と喝采している韓国人に「日本より急な少子化によって我が国は悲惨な境遇に陥る」と説く、勇気のあるメディアは出なかったのである。

韓国は１９９７年のＩＭＦ危機を脱した後、中国の急成長に上手に乗った。２００５

年、ゴールドマン・サックスは韓国の1人当たりGDPが2050年には米国に次いで世界2位に浮上すると予想した。それを本気にして、韓国人は有頂天になった。

外交的にも「破竹の進撃」に酔った。皮切りは外交通商部長官を務めた潘基文（パン・ギムン）氏の国連事務総長就任（2007年）だった。1991年まで国連に加盟できなかったほどに外交的な影が薄かった韓国とすれば大金星だった。

「韓国人が世界の大統領になった」と国民は大喜びし、日本人に対しても機会があるたびに誇った。筆者が首を傾げたのは相当な知識人までも「日本も努力して国連事務総長を出したらどうか」と上から目線で威張ったことだった。このポストは大国からは出さないことが慣例なのだが、韓国メディアはその事実を報じていなかったのである。

さらに韓国はG20首脳会合（2010年）や核セキュリティ・サミット（2012年）を日本に先駆け開催した。米国のアジアにおける最重要同盟国の地位を固めた、と当時の李明博（イ・ミョンバク）政権は国民に誇った。

煽ったのは支持率を上げたい政権だけではなかった。次第にメディアも「世界に冠たる韓国」を強調するようになった。2008年のリーマン・ショックの後には「世界で最も早く景気を回復した韓国」を謳った。

新型コロナが流行した2020年以降は「世界が羨む韓国の防疫体制」を連日のように報じた。読者や視聴者が「世界一の韓国」というストーリーを聞きたがっている以上、メディアも応えないと商売にならなくなったのである。

自画像の歴史的な転換

それは韓国人の自画像の歴史的な転換だった。長い間、中国の属国だった韓国。19世紀の西洋のアジア侵略の際も対応に失敗、日本の植民地として命をつないだ。そんな国の民は自信を持てず、自画像は常に自嘲的だった。

1948年の建国後、政府やメディアなど指導層は「我々は世界一優秀な民族だ」「悪辣な日本に隙を突かれてやられただけなのだ」と教育していた。国民に自信を持たせないと、優秀な人から海外に逃げ出してしまうと恐れたのである。

だが、政府の宣伝を本気にする国民はいなかった。外国人に向かって宣伝をそのまま語る人には時々、出くわしたが、言っている本人も信じていないことは明らかだった。どこか自信なさげだったからだ。

そんな劣等感を抱いていた国民が21世紀に入ると突然、「自分たちは本当に優秀な民族だった」と思い始めたのだ。その時の高揚感は半端なものではない。

韓国人は世界に向かって「世界一の韓国」を語り始めた。韓国を勉強していることが知れると、中国人、東南アジアの人々、さらには欧米人から同じ質問をされるようになった。「なぜ、韓国人はあんなに威張るのか?」。

異様な言論空間

1000年以上に亘る鬱屈の後の、突然の高揚感がもたらした異様な言論空間――。これを知らないと韓国の思いもかけぬ没落を理解することは難しい。

美しい自画像に酔い、厳しい現実を直視しなかった韓国の悲劇は少子化に留まらない。1987年に生まれたばかりの民主主義が早くもぐらついたことも、米中対立の度が増す中で安易な二股外交に邁進して孤立を招いたことも韓国では自覚されず、解決に動こうとの国民のコンセンサスも生まれなかった。少子化問題と全く同じ構図だった。

第2章では韓国の民主政治の崩壊を描く。第3章では度重なる外交的な失敗を掘り下げる。読者はいずれを読んでも、奈落の底に堕ちて行くというのに韓国人がそれに気づかなかった現実に驚くに違いない。そして、21世紀に入ってからの韓国が「異様な言論空間に陥っていた」との指摘に納得するであろう。

第2章　形だけの民主主義を誇る

1　「先進国」の称号欲しさから民主化

以下は日本記者クラブ会報（2023年6月号）の「書いた話　書かなかった話」という欄に「韓国民主化36年　成長と民主主義の夢いずこ　明るい明日信じた80年代」と題して載せた筆者の文章だ。

＊　　＊　　＊

韓国で民主化宣言が発せられた1987年6月29日、私はソウルにいた。86年にはフィリピンの独裁政権が倒れ、台湾も多党体制に踏み出していた。経済成長に成功したアジアは次第に民主化する。すると、戦争もなくなる——と当時は思ったものだ。いずれは中国さえ民主化すると考える人もけっこういたのだ。

コーヒーが無料になった日

「今日は嬉しい日。コーヒーは無料」――。ソウルのど真ん中の喫茶店がこんな紙を貼り出した。民主化宣言の瞬間から、街を歩く韓国人の顔が目に見えて明るくなった。

野党側は87年12月の大統領選挙を、政権に有利な間接選挙から直接制に代えるよう要求。呼応した学生団体は街頭闘争を繰り広げた。当時の全斗煥《チョン・ドゥファン》政権は力で抑え込み警察の拷問で学生１人が死に、機動隊の催涙弾の水平射撃でさらに１人が死んだ。戒厳令を敷いて野党の指導者を一気に逮捕する計画も立てた。「このままでは国が滅びる」「米国に移民したい」と打ち明ける韓国の友人がいた。

だが、緊張が極度に高まった瞬間、政権は直接選挙制を受け入れた。88年秋のソウル五輪が頓挫することを恐れたのである。この突然で全面的な譲歩に国全体が安堵した。民主化運動の指導者の一人で当時は軟禁状態にあった金大中《キム・デジュン》氏もその日、自宅に集まった記者に「人間的な温かみを感じる」と語った。

デモに参加し起訴されていた学生に対し裁判官は直ちに無罪を宣告した。反政府勢力への弾圧を嫌気して下げていた株価も急騰した。級長も先生の指名ではなく選挙で選ぶよう、変えた小学校も登場した。

こんな明るい話を「成長が生んだ民主主義」として東京に送る日が続いた。駐韓日本大使も与野党間の大妥協を称賛、「何でも気楽に相談できる国が隣にできた」と民主化をわがことのように喜んだ。

原動力　むしろ人々の怒り

もっとも、冷静に観察していた韓国人もいた。大手紙のC編集局長だ。「韓国も世界の新聞も『経済的自由を得た韓国人が政治的自由を求めて闘い、民主化を勝ち取った』と書く。いかにもそれらしいが、本当だろうか。政権を追い詰めたのは学生を殺す警察への人々の怒りだ。成長とは関係ない」

私はギクリとした。確かにそうなのだ。「我が国の新聞はデモを1行も書けない。代わりに世界に知らせてくれ」と、現場までの料金を受け取ろうとしなかったタクシーの運転手さん。催涙弾を浴びる学生に、顔を拭えとおしぼりを屋上から投げたホテルの従業員ら。「我が国のために苦労をかけるね」と毎朝送り出してくれた下宿のおばさん……。皆が怒っていた。だが、最終局面で学生デモに加わった庶民が必ずしも民主的政体の実現を求めたわけではないのだ。

ただ、民主化宣言と共に新聞の検閲はなくなった。拷問も21世紀初めまでになくなった。それを見て私は「きっかけは怒りであったにせよ、強権体制が終われば民主化する」と単純に考えた。

C局長の発言を思い出したのは2014年。最大手紙、朝鮮日報を引用報道した産経新聞ソウル支局長が、大統領に対する名誉棄損で訴えられたうえ、出国禁止処分になった。朝鮮日報には何のおとがめもなし。それもあってか「言論の自由への侵害だ」と批判した韓国紙はごく少数だった。それどころかある大手紙は社説で「日ごろから産経は反韓国的だ」として起訴を正当化した。

1987年、韓国人が望んだのは何だったのだろうか。学生らは何のために死んだのか――。

この疑問が再び蘇ったのが2022年のロシアによるウクライナ侵攻の直後だ。韓国メディアの少なくとも4人の東京特派員が「日本がウクライナ支援に熱心なのは下心があるからだ」と書いた。国連常任理事国入りが狙いと断じた記者もいる。彼らは「直接、自分の得になること」があって初めて、強権国家に侵略された民主主義国を応援する気になると告白したに等しい。

「民主派」が指揮権の禁じ手

民主化当時、日本にも冷ややかに眺めた人がいた。韓国研究者の田中明氏だ。「これは文人が軍人から権力を奪い返した事件である」。理念ではなく党派の争いと見切ったのだ。20年、文在寅《ムン・ジェイン》政権が3度にわたり指揮権を発動した時、この評を思い出した。同政権の中枢は大統領以下、強権的政権と戦った「民主派」が担っていたからだ。

いわゆる独裁時代、検察は政権の手先だったので指揮権を発動する必要はなかった。民主化後、青瓦台（大統領府）が指揮権を発動しようとした際には法務部長官が拒否した。法務部が屈したこともあるが、この時は検事総長が抗議のため辞任した。

韓国も「指揮権は存在するが、安易に使えない」慣例が根付きかけていた。それを「民主派」が壊したのだ。「誰かが書くだろうな」と見ていたら、やはり東京特派員を経験した長老記者が「1954年以降、指揮権を封印した日本」と比較した。

文在寅政権は2021年、メディアの虚偽報道に巨額の賠償金を請求できる「言論仲裁法改定案」の成立を目指した。虚偽報道による被害額の5倍以内の罰金を支払わせる、との法律だ。

「5倍以内」とあるので抑制的に見えるが「虚偽か否か」と損害額は政府機関が決める。当然、新聞などを威嚇する強力な武器になるわけで「メディア懲罰法」とも呼ばれた。司法委員会では強行採決されたが、メディアや国際社会の猛反対もあって本会議への上程は見送られた。

注目すべきは世論調査だった。ほとんどの調査で賛否が相半ばした。韓国でも「傲慢なメディア」への風当たりが強まる一方だ。日本語の「マスゴミ」に相当する「キレギ」（ゴミ記者）という表現も生まれた。その意味で不思議はないのだが、代金を受け取ろうとしなかったタクシー運転手氏はどこへ行ったのかと首を傾げもした。

最近、S・レビツキーとD・ジブラットの『民主主義の死に方』に言及する韓国紙が目につく。この本は「民主主義を壊すのは今や軍人のクーデターではなく、選挙で選ばれた政権である」「政治的対立が激しくなると、権力は司法やメディアなど中立機関を取り込んで生き残りを図る」と警告した。韓国人は身につまされるのだろう。もちろん、日本人にとっても他人事ではない。

大正デモクラシーなぞらえ

最後の「書かなかった話」は名刺も交換しなかった知識人との対話だ。民主化宣言の後も反政府集会は続いた。延世大学の芝生で学生の演説を聞いていたら、隣に座っていた助教授風の人に話しかけられた。ソウル外信記者クラブの腕章を巻いていたからだろう。

民主化をさぞ喜んでいると思ったら、そうでもなかった。定着には時間がかかり、前途は多難と言うのだ。「日本の戦後民主主義も大正デモクラシーと、その蹉跌の上に咲いたのです」との言葉が耳朶《じだ》に残る。

この寄稿を若い人が読んだら「バラ色の世界を夢見る何ともおめでたい記者が昔はいたものだ」とあきれるに違いない。返す言葉もない。だが、本当のことだから記録に残すために書いておく。

＊　＊　＊

日本記者クラブ会報に筆者が書いたこの記事を読んで、韓国の民主主義が後退していることに驚いた日本人がかなりいた。韓国が繰り出す「日本以上の民主主義を実現した」というプロパガンダ攻勢の中で、日本のメディアが実像をきちんと報じてこなかったからだろう。

そんな読者の抱く疑問は「普通の人々を民主化に向かわせたのは怒りだったとしても、知識人は民主主義を信奉していたのではないのか？」である。「もし、指導層が民主政治に確固たる信念を持っているのなら、その後退に声をあげるはずだ」との発想からだ。

実は筆者も、そこに疑問を抱いてきた。韓国の知識人は今、民主政治の重要性を唱え「アジアで唯一、経済成長と民主主義を自力で実現した国」と胸をそらす。しかし現実には、民主政治は崩壊し始めている。というのに、危機感は薄い。

そんな韓国を観察するほどに、彼らが欲したのは民主的な政体というよりも「民主主義国家」という称号だったのではないか、と思えてくる。要は「日本以上の民主主義国家」と自称し、世界がそのブランドを信じて先進国として扱ってくれれば、韓国人は満足なのである。

ちなみに、韓国の知識人は大正デモクラシーの存在を無視するようになった。日本は米国によって初めて民主化したことにしておかないと「自力で民主化したアジア唯一の国」との称号は使えないからである。伝統あるタイの民主主義を無視するのも同様の理由であろう。

日本の下心は何か

象徴的だったのは2022年2月のロシアのウクライナ侵略に対する韓国の反応である。当時、韓国では大統領選挙が戦われていた。

保守の尹錫悦候補は侵攻一カ月前の1月25日に「経済制裁などにより、我が国の企業が被害を受けないよう徹底的に備えなければならない」と述べた。西側が実施するであろう対ロ制裁から逃げる算段をすると表明したのである。

一方、左派の李在明（イ・ジェミョン）候補は侵攻直後、「キャリアが6カ月の初心者政治家が大統領になり、ロシアを刺激したため衝突した」と発言。政治経験のない尹錫悦候補をあてこすったうえ、侵略の原因はウクライナにあると決め付けたのだ。

日本記者クラブ会報への寄稿でも書いたように、韓国メディアは保守、左派を問わず、日本のウクライナ支援の下心を疑った。

保守系紙、朝鮮日報の崔銀京（チェ・ウンギョン）特派員は「急派された日本の外相、帰国の際にウクライナ避難民20人を連れ帰る」（4月3日）で「新たに再編される世界秩序で影響力を発揮するため」と断じた。

韓国のニュース専門放送局、ＹＴＮのイ・ギョンア特派員はさらに踏み込んだ。「【字幕ニュース】６歳の子供から66歳の老人まで…日本政府、前例のない対応」（４月６日）で「国連の常任理事国になる狙いだ」と解説した。

中央日報のイ・ヨンヒ特派員は「ウクライナへの侵略を名分に軍拡に走る日本」に懸念を示した。「【グローバルアイ】日本は平和を志向しているのか」（４月８日）である。

左派系紙、ハンギョレのキム・ソヨン特派員も「難民に消極的な日本、ウクライナ避難民に異例の支援行う理由は」（４月７日）で、理由は決め付けなかったものの「なぜ、日本がウクライナを助けるのか」と首を傾げた。

韓国人が本当に民主政体を信奉するのなら、専制国家から突然攻撃された民主主義国家の側に本能的に立つはずだ。だが、政治家も記者もロシアを非難するわけでもなく、ウクライナに声援を送りもせず、それどころか支援に乗り出した日本をいぶかしんだのである。

見栄で誘致したゼレンスキー演説

話はここで終らない。侵略されるや否や、ウクライナのゼレンスキー大統領は西側の国会でオンライン演説を実施した。世界からの支持を集めるためだ。韓国も3月中旬に打診された模様だが、ロシアの顔色を見て返答しなかった。

ところが、3月23日に日本の国会でゼレンスキー演説が実現すると急遽、韓国側から開催を申し込んだ。日本に遅れをとると「民主主義陣営の一員」という称号を得られない、と焦ったのだ。見栄のためにゼレンスキー演説を誘致した、世界でも稀有な例となった。

4月11日に韓国国会で開かれた演説を傍聴したのは議員の2割弱に留まった。スマホをいじっている議員もおり、他国の国会で起きた起立しての拍手も皆無だった。そもそも開催場所は本会議場ではなく国会の図書館。ウクライナへの共感が形だけだったことを如実に示す証拠である。

この空席だらけのゼレンスキー演説をロシアの大学教授がツイッター（現・X）で指摘し「アジアはウクライナに関心がない」と揶揄した。すると、韓国のメディアは一斉に「恥ずかしい」と国会を非難。見栄で演説を誘致したのを見透かされてしまい「民主主義陣営の一員」という称号に傷が付いた、と考えたのである。

実は、1987年6月の民主化宣言の直前にも、韓国人が欲しがっているのは「民主的な政体」よりも「民主主義国の称号」ではないか、と疑ったことがある。

民主化宣言まで、大統領選挙は政権に圧倒的に有利な間接選挙により実施される予定で、全斗煥大統領と共にクーデターを実施した盧泰愚（ノ・テウ）将軍の当選が確実視されていた。

野党の激しい反対にも拘わらず、間接選挙で実施されることがいったんは確定した際、多くの知識人がわざわざこう言いに来た。「軍人が大統領をやるのはアフリカの後進国だけではない。米国のアイゼンハワー大統領も軍人だった」。彼らは「アフリカの後進国と同じ」と日本人に見られはしないかと気にしていたのである。

恩知らずの韓国

韓国の民主主義の後退は外交にも大きな影を落とす。２０２２年2月24日のウクライナ侵攻当時は文在寅政権末期だったが、韓国は米国主導の対ロ制裁に加わろうとしなかった。侵攻直後から米国の同盟国はすべてロシアへの経済制裁に立ちあがったのに、韓国だけは曖昧な立場に終始したのである。

2月26日、米国務省傘下のＶＯＡ（ボイス・オブ・アメリカ）は韓国に詳しい専門家を集めて座談会を開いた。「【ワシントン・トーク】韓国、ウクライナ事態に微温的…米国との同盟から離脱するな」（韓国語版）である。核軍縮の専門家、M・フィッツパトリック（Mark Fitzpatrick）英IISS（国際戦略研究所）研究員は以下のように述べた。

・今回のロシア侵攻に対する国際的な対応の特徴の1つが米国とほとんどの同盟国がひとつの心、ひとつの意思で行動した点だ。ある1国［韓国］を除き、すべてがロシアに対し厳格な制裁を加えた。

・韓国の小心で微温的な手法は率直に言って恥ずかしいものであり、愚かである。恥というのは、韓国は過去に侵略の被害者として大々的な援助を貰ったし、それが再び起これば助けをまた受けるからだ。

朝鮮戦争の際、西側からあれだけ助けて貰ったのに、ウクライナを助けようともしない。そんな韓国を「恩知らず」と非難したうえ、対ロ制裁に加わるようせかしたのだ。

朝鮮半島が専門の米外交問題評議会のS・スナイダー（Scott Snyder）上級研究員も「自分勝手な国から、そろそろ卒業しろ」と韓国に迫った。

・これまで韓国は目立たないようにして、自分の経済的な利益にのみ集中する傾向があった。だが、韓国は絶対に退いてはいけない時点に来ている。

米政府はスナイダー研究員らの言葉を借りて、「肝心な時に裏切る韓国」に強い警告を発したのだ。これに気押され、文在寅政権は対ロ制裁に遅れて参加した。後を継いだ尹錫悦政権は西側への回帰を自称した。だが、米国は韓国をまともな同盟国と見なさなくなった。「自由と民主主義」という価値観を前面に押し出して西側の結束を図った時、同盟国の中で韓国だけがソッポを向いたのだから。

価値観を共有せず

勘の鈍い日本でさえ、韓国を「価値観を共有する国」とは見なさなくなった。1998年10月に小渕恵三首相と金大中大統領が「日韓パートナーシップ宣言」を謳って以降、日本政府は韓国を「自由と民主主義など基本的な価値を共有する重要な隣国」と定義してきた。

だが、2015年に「価値を共有」部分を削除し、単なる「重要な隣国」に格下げした。産経新聞ソウル支局長事件などが契機とされる。尹錫悦政権が誕生し日本との関係改善が表面的には進んだ後も、外務省の外交青書の韓国の項には「重要な隣国」とあるだけだ。

2024年版では「パートナーとして協力していくべき」が「重要な隣国」の形容詞としてついたが、韓国政府が強く望む「基本的な価値を共有する」は復活しなかった。

2　半導体を作る李朝

民主化したら妥協の政治が根付く――との希望は完全に潰《つい》えた。韓国から独裁者はいなくなったが、代わりに前政権の高官らを乱訴しては収監する「検察政治」が始まった。李氏朝鮮を滅ぼした党争の再現である。

対立党派は根こそぎ起訴

韓国の大統領は不本意な形で任期を終える、あるいは退任後に辱められるのが定番だ（図表8）。名目的な大統領だった崔圭夏（チェ・ギュハ）氏を除いて国外に追放されるか、クーデターに抗議して下野するか、暗殺されるか、刑務所に送られるか、子供が逮捕されるか、自殺するか、弾劾されて辞任したあげく収監される――運命をたどったのである。

21世紀に入ると、貶める対象は一気に広がった。権力を得た党派は、敵対する党派で目立った高官を根こそぎ裁判にかけるようになった。そもそも乏しかった妥協の精神は

図表8　韓国歴代大統領の末路

李承晩 1948年7月～1960年4月	不正選挙を批判され下野、ハワイに亡命（四月革命）。退陣要求のデモには警察が発砲。全国で183人死亡
尹潽善 1960年8月～1962年3月	軍部のクーデターによる政権掌握に抗議して下野。議員内閣制の大統領で実権はなかった
朴正熙 1963年12月～1979年10月	腹心のKCIA部長により暗殺。1974年には在日韓国人に短銃で撃たれ、夫人の陸英修氏が殺される
崔圭夏 1979年12月～1980年8月	朴大統領暗殺に伴い、首相から大統領権限代行を経て大統領に。軍の実権掌握で辞任
全斗煥 1980年8月～1988年2月	退任後に親戚の不正を追及され隠遁生活。遡及立法で光州事件（1980年）の責任などを問われ死刑判決（後に恩赦）
盧泰愚 1988年2月～1993年2月	退任後、全斗煥氏とともに遡及立法により光州事件の責任など問われ、懲役刑判決（後に恩赦）
金泳三 1993年2月～1998年2月	1997年に次男が逮捕、懲役2年判決。罪状は通貨危機を呼んだ韓宝グループへの不正融資関与
金大中 1998年2月～2003年2月	任期末期に3人の子息全員が斡旋収賄で逮捕
盧武鉉 2003年2月～2008年2月	退任後、実兄が収賄罪で逮捕。自身も2009年4月に収賄容疑で検察から聴取。同年5月に自殺
李明博 2008年2月～2013年2月	2018年3月に収賄、背任、職権乱用で逮捕。2020年10月29日に懲役17年、罰金130億ウォン、追徴金57億8000万ウォンの刑が最高裁で確定した。2022年12月に特別赦免され、復権。韓日議員連盟会長を務めた実兄も斡旋収賄などで逮捕、懲役2年
朴槿恵 2013年2月～2017年3月	2017年3月10日、弾劾裁判で罷免宣告。収賄、職権乱用などで2017年3月31日に逮捕。2021年1月14日の最終審で、他の判決を含め懲役22年、罰金180億ウォン、追徴金35億ウォンが確定。2021年12月31日未明に恩赦
文在寅 2017年5月～2022年5月	尹錫悦政権はとりあえずの刑務所送りの標的に、次の大統領選挙でライバルとなる可能性の高い李在明氏を選んだ。ただ、自衛隊機へのレーダー照射事件の背景には北朝鮮からの亡命者の強制送還があったとの見方から、当時の文在寅大統領の責任を問う声もあがった

韓国の政界から消え失せ、保守と左派の生存をかけた争いが日常化した。

左派、文在寅政権下の検察は李明博、朴槿恵（パク・クネ）の2人の保守の大統領経験者を権力乱用などの罪に問い、起訴して収監した。文在寅大統領とすれば盟友、盧武鉉（ノ・ムヒョン）元大統領の敵討ちだったのだろう。盧武鉉氏は大統領退任直後に李明博政権下の検察から不正資金容疑で事情聴取を受け、飛び降り自殺したのである。

検察は李明博政権当時に国防部長官だった金寛鎮（キム・グァンジン）氏も政治介入をした罪で起訴した。朴槿恵政権の側近からはNO.2の秘書室長に加え、国家安保室長を起訴した。罪状は「セウォル号沈没事故について国会に虚偽の報告をした」などである。

さらに「徴用工」裁判に介入した疑いで前の最高裁長官を、予算を大統領府の機密費に融通した疑いで国家情報院の3人の院長経験者を訴えた。

軍の捜査機関である機務司令部の前司令官はセウォル号事件に絡み民間人を捜査した疑いで召喚された。メディアの面前で手錠をかけられた前司令官は、憤怒のあまり自殺した。

機務司令部の参謀長経験者を含む元幹部も民間人捜査の疑いや、朴槿恵大統領の弾劾当時に戒厳令を計画した容疑で起訴された。

サムスンのオーナーも逮捕

国家情報院と軍は保守派の牙城だった。左派政権は元高官を拘束することで、自分に従順な組織に作り変えようとしたのである。次の尹錫悦政権下で無罪が宣告された人もいる。だが、文在寅大統領は執権中は保守色の濃い組織に睨みを利かせることができた。

民間からは朴槿恵大統領に贈賄した罪などでサムスングループのオーナー、李在鎔（イ・ジェヨン）氏らを収監した。韓国では財閥は保守と癒着して成長してきたと見なされている。叩けば国民が喝采すると左派政権は考えたのだ。財閥を威嚇して政権のコントロール下に置く狙いもあったであろう。

文在寅大統領が起訴を指示した事件もあれば、そうとは語られなかった事件もある。だが、いずれにせよ、大統領の意向に反して元高官や財閥のオーナーが起訴されることは韓国ではない。

一連の起訴は「積弊の清算」がキャッチフレーズだった。敵対する政治勢力を「積弊」――悪の権化と全否定することで自らの正統性を主張したのだ。

これにより党派の間で妥協する余地はなくなってしまった。左派政権下での司法壟断《ろうだん》に関しては『韓国民主政治の自壊』の第2章「あっという間にベネズエラ」で詳述してある。

尹錫悦政権も左派に報復

保守の尹錫悦大統領も負けなかった。選挙戦中から「積弊の清算」を謳い就任するや否や、検察の要職を子飼いの検事で固めた。狙ったのは2022年の大統領選挙に出馬し、僅差で下した李在明「共に民主党」代表だ。

地方自治体の首長時代の汚職事件などを立件したものの、国会で野党が多数派であることから李在明氏は議員の不逮捕特権を活かして収監は免れた。

保守とすれば左派政権下で見逃された犯罪を摘発したに過ぎない。だが、李在明氏周辺は次の大統領選挙の左派有力候補を潰すのが目的と反発する。

尹錫悦政権は次いで文在寅政権時代の長官3人と、尹錫悦氏が検事総長時代に対立した検事も職権乱用の疑いで起訴した。高級公務員からは「大統領の指示通りに仕事をしただけで、次の政権で犯罪者にされてしまう」と苦渋の声が漏れた。

文在寅政権時代に法務部長官に就任したものの、娘の不正入学などで尹錫悦検事総長が率いる検察に起訴され、有罪判決を受けた曺国（チョ・グッ）氏は2024年4月の総選挙に出馬し、当選した。公約第1号は「尹錫悦政権の積弊清算」だった。標的は尹錫悦夫人であり、その先には大統領の弾劾があった。

韓国は報復が報復を呼ぶ復讐の政治に陥った。曺国氏だけではない。候補者は政策よりも「いかに相手陣営が国を滅ぼす存在であるか」を強調するのが常道になった。

第1章で詳述した通り、韓国では2023年末にようやく、異様なペースの少子化に焦点が当たった。国の存続を左右する問題として議論が始まりかけたが、2024年の国会議員選挙では全く争点にならなかった。保守は左派を「従北」と非難し、左派は保守を「検察政治」と非難することに忙しかったのである。

「寛容と忍耐」を輸入

日本の植民地に転落する遠因となった李朝の党争と同じ構図だ。李朝時代、科挙の合格者は数少ない官僚ポストを得るため党派に分かれて争った。誣告《ぶこく》の度は次第に激しくなり、力を得た側は反対勢力を一網打尽に投獄しては自死させた。

当然、国政は疎かになった。文禄の役（1592−93年）で李朝があっけなく日本軍の侵攻を許したのも党争のためだった。訪日して秀吉と会い意図を見抜いた官僚もいたが、帰国後の報告は無視された。観察の正確さよりも、報告者がどの党派に属するかが重要だったからである。

日本からの独立後も李朝の党争が再現した。誕生したばかりの政党は泥沼の抗争に陥り、朴正熙（パク・チョンヒ）少将らのクーデター（1961年）に名分を与えた。

1987年の民主化直後には「不毛の争いが軍の介入を招いた」過去への反省が韓国の政界には残っていた。大統領直接選挙制、民主化を陰で演出し、キングメーカーと呼ばれた保守政治家の金潤煥（キム・ユンファン）氏は「寛容と忍耐」が口癖だった。軍人が主導する政権の中にあっても、民主化後の保守政権の要職にあっても野党との対話に努めた。

朝鮮日報の東京特派員を務めた金潤煥氏は60年安保闘争で左右に分裂した日本を、池田勇人政権が「寛容と忍耐」をキャッチフレーズに経済成長に導いたのに注目した。

国の安定と発展には公正な選挙など「民主主義を保障する制度」に加え「妥協の風

土」が必要不可欠と見切ったのである。「韓国にも国対政治を導入したい」と常々語り、それを自民党と社会党のなれ合いの象徴と批判的に見ていた日本人記者を驚かせもした。

田中角栄逮捕がお手本

保守の政権党も民主化直後には妥協を受け入れた。民主化闘争で国が壊れかけた恐怖感がまだ、残っていたのだ。

国会の委員長ポストは議席数に応じ野党にも配分し、少数派の意見も議決に反映する道を拓いた。モデルは日本で、民主化の進展とともに憲政の常道として定着するかに見えた。

しかし、文在寅政権下の総選挙で与党が多数を占めると、不文律を無視して委員長ポストを独占した。民主化から30年経つと、政界から「妥協」は消え去ったのである。

権威主義的な体制の下で権力の下僕だった検察も、民主化後は独立を志した。与党政治家、それも最高権力者の田中角栄をも逮捕できる日本の検察は志の高い検察官の密かな目標だった。

ただ、左右対立が激しくなると先祖返りした。検察は再び、時の権力の求めに応じて政治家や官僚・軍人を乱訴するようになった。

裁判所も政権に忖度して判決が揺れる。文在寅政権は最高裁長官に自分と近い左派を指名。保守派の裁判官は人事で冷遇されたため大量に辞職した。「徴用工」裁判で新日鉄住金（現・日本製鉄）などに賠償を命じる判決が下ったのも当然の成り行きだった。

次の尹錫悦政権は最高裁長官に穏健保守の裁判官を指名した。ただ、「徴用工」裁判では相変わらず日本企業に対し賠償を命じる判決が続いた。

尹錫悦大統領が指名した長官は保守派ではあるものの民族派であり、新日鉄住金裁判で賠償判決に賛成した裁判官だった。裁判官らはこの長官人事から「尹錫悦の意向」を感じ取り、日本企業に対する賠償判決を下し続けたのであろう。

党争の大衆化

「半導体王国」と評されるほど先端技術を誇るようになった韓国。そんな国の国民は報復政治に危機感を持たないのだろうか。知識人に李朝の党争の再来を指摘すると、多くは「困ったことだ」と認めはする。

とは言え、最後には責任は相手方の党派にあると言い出す。分裂が政界に留まらず、国民にまで及んだのだ。党争の大衆化である。

１９８７年の民主化の後から21世紀初め頃までは左右対立は今ほど激しくなかった。権威主義の払拭に努める軍人出身の盧泰愚大統領を評価する声が、民主化を推進した側からもあがった。一方、左派の金大中大統領に対し「ＩＭＦ危機を乗り切った」と評価する保守派もいた。

だが次第に、保守の大統領を評価するのは保守派だけ、左派の大統領を評価するのは左派だけ、という支持層の断絶が生まれた。韓国行政研究院が２０２１年12月に発表した論文「政党支持者間の政治的両極化の深化」がそれを裏付ける。

金泳三（キム・ヨンサム）政権当時、与党支持者の大統領支持率は野党支持者のそれを最大で39％ポイント上回っているに過ぎなかった。

それが金大中時代は48％ポイント、盧武鉉時代は62％ポイントにと跳ね上がり、文在寅時代には何と85％ポイントに達したのである（図表９）。敵対勢力の大統領は何があっても支持しない――。大韓民国は２つの国に分かれたのだ。

国民までが両極化し「検察政治」が常態化すれば、それへの危機感は生まれない。あることないことを理由に乱訴するのは敵側だけではない。自分の側も同じことをやり返

図表9　与野党支持者間の大統領支持率の差

金泳三	金大中	盧武鉉	李明博	朴槿恵	文在寅
39	48	62	64	75	85

注・各政権の期間中で最大の差　（単位＝％ポイント、出所：韓国行政研究院）

すからだ。

問題化しない乱訴

象徴的な出来事が起きた。文在寅政権下で起訴された最高裁の元長官、梁承泰（ヤン・スンテ）氏が２０２４年1月、１審で無罪判決を受けた。

梁承泰氏は47もの罪状で訴えられていたが、すべて無罪となったのだ。政権が変われば前最高裁長官が起訴されるというのも異常な話だが、判決では罪状すべてが認められなかったのである。誰が見ても乱訴だった。それでも検察は控訴した。

さらに驚くべきは検察の乱訴が政治問題化しなかったことだ。文在寅前政権を批判する絶好のチャンスを得たはずの与党「国民の力」も、保守系紙も多くが口を濁した。

前政権下で梁承泰氏を47もの罪で起訴したのは当時、ソウル中央地検長だった尹錫悦氏と、その腹心の部下の韓東勲（ハン・ドンフン）次長検事だったからだ。

左派政権による検察の私物化を保守が指摘すれば、直ちにブーメランとなって戻って来るのは間違いなかった。検察が控訴に踏み切ったのも、尹錫悦大統領の顔を立てるためであろう。

ソウル中央地検長だった尹錫悦氏は梁承泰氏起訴などの功績により検事総長に昇進した。ただ、その後に文在寅政権が検察改革の名のもとで検察の力を削ぎ始めると一転して抵抗。検察改革の旗振り役だった法務部長官の曺国氏を摘発した。

最終的には文在寅政権から検事総長の座を追われ、復讐を果たすため政治経験が一切なかったにもかかわらず大統領選挙に挑んだのだ。

韓東勲氏は尹錫悦政権下で法務部長官を務めた後、与党「国民の力」の代表に就任し、保守の次期大統領候補の一番手に上がった。

法治を壊すムジナたち

政界が検察をいくら私物化しようと、左右が「同じ穴のムジナ」として既得権益化した以上、誰からも批判されなくなったのである。政治対立の仲裁役であり、秩序維持の最後の歯止めである司法が崩壊すれば、国は不安定化するしかない。

ただ、この危うさを指摘する国民はほとんどいない。ファンダム化した国民は相手陣営への非難合戦に動員されるばかりだ。ほんの僅かだが自分の国の奇妙さに気付いた人もいる。だが、彼らの多くは韓国を脱出した。後に残るのは国を挙げて泥沼の中で戦う人々だけである。

3　手つかずの「経済民主化」、革命リスクを培養

「経済の民主化」が手つかずの韓国。時に矛盾が噴出するが、改革は難しい。財閥から既得権を取り上げる覚悟はどんな政権にもないからだ。

株の世界でも中国側に

2024年の韓国証券市場の出足は悲惨だった。KOSPI（韓国総合株価指数）は1月2日に2669・81を付けた後、3日の2607・31から12日の2525・05まで、8営業日連続で下げた。

機関投資家の買いにより、1月15日は2525・99と少し持ち直した。しかし、力はなく1月17日（2435・90）まで、再び落ち込んだ。年初から日経平均株価が上がり、3月4日に史上初の4万円台に乗せた日本と対照的だった。

韓国では株安の原因は中国依存度の高さと見なされた。中国株も、中国経済と関連の深い香港株も同様に急落していたからである。韓国経済新聞の「中国依存度の高い韓国

と香港の株式が下落、ボックス相場は2月まで続く」（1月15日）は以下のように解説した。

・1月15日、KOSPIと香港のハンセン指数は昨年末と比べそれぞれ4・87％、4・93％下落し、世界の20大主要証券市場でもっともさえない出発を見せた。中国の上海総合指数も2・98％下がり、3番目の下げ幅だった。
・一方、1月15日の日経平均は前週末比324・68円高い35901・79で引けた。昨年末と比べ7・28％上がった。この勢いに乗り最近、東京証券取引所の時価総額は上海証券取引所を追い越し、3年半ぶりにアジア1位に返り咲いた。
・台湾も堅実な姿を見せ、韓国の時価総額を追い抜いた。ウォール街は米国のS&P500種が今週中に市場最高値を更新すると展望する。

金融の世界でも「韓国は中国側の国」と見切られたのである。韓国経済の中国依存度は高い。中国の調子がおかしくなれば直ちに韓国も変調をきたす。実際、韓国の2023年の実質GDP成長率が25年ぶりに日本よりも低かった理由の1つが、中国の不調を背景に31年ぶりに対中貿易で赤字を出したことだった。

韓国では「中国は落ち目」との認識が広がった。そんな中国とひとくくりにされるのは、韓国人にとって面白くない。政権にとってはそれ以上に、株価が棒下げに下げたこと自体が大問題だった。4月10日に国会議員選挙を控えていたからである。

突然「株価を上げよ」と命令

尹錫悦政権は強引な手段に出た。1月17日、日本の金融庁に相当する金融委員会が突然、上場企業に対し「資本効率を高めよ」と命じたのである。金周顕委員長は以下のように述べた。

・2023年末基準で「1・1倍」に過ぎないPBR（株価純資産倍率）を日本の水準である「1・4倍」よりも高くし、米国の水準の「4・6倍」まで引き上げたい。

PBRとは株価を1株当たりの純資産で割った数字だ。「1倍」未満なら株価は割安、それより大きければ割高を意味する。金周顕委員長は「チャーミングな企業に変身して株価を上げろ」と迫ったのだ。

金融委員会が同じ日に発表した「2024年重要業務計画」でも「企業バリューアップ・プログラム」なる項目を掲げ、株価テコ入れに触れた。ただ、17ページの資料のうち、たった3行を使って説明したに過ぎなかった。「この株安を何とかせよ」と大統領室に叱られ、あわてて「株価浮揚策」を打ち出したのであろう。

上場企業にPBRを上げるよう求めるのは東京証券取引所の手口そのものだ。日本の手法をそのまま実施したのも、金融委員会の狼狽の証拠と見なされた。

もっとも、パクリだろうと何だろうと発表翌日の1月18日以降、株価は持ち直した。「1倍未満」の会社に投資するブームが起きたのだ。政府に睨まれた「1倍未満」の会社の株を買っておけば確実に値上がりする、との思惑からである。

安易な日本のパクリ

しかし、専門家は一斉に疑問を呈した。「企業バリューアップ・プログラム」の導入が打ち出された1月17日、韓国経済新聞は「『これは悪い株!』…烙印を押し辱めるという金融委の恫喝」で、そのいいかげんさを厳しく指摘した。

・「ＰＢＲ1倍未満」の企業に一律に烙印を押すのが正しいのか。なぜ、ＰＳＲ（株価売上高倍率）やＰＥＲ（株価収益率）など多様な評価手段の中からＰＢＲを選んだのか、金融委員会は明快な説明をしていない。
・金融委員会が作為的に選んだ「株価の低い企業」に烙印を押し、辱めることが正しいのかとの指摘もある。

これを読んだ人は金融委員会が「悪者」を作って株安の責任逃れをしている、と思っただろう。日本が株価テコ入れの指標にＰＢＲを使ったと知っている人は、金融委員会の安易さにため息をついたに違いない。

その後も韓国紙には、日本は株価対策だけではなく腰を据えた市場改革を実施してきた。現在の株高はその成果だ。しかるに我が国は改革に取り組まず、日本の表面だけを真似しようとしている――との批判が相次いだ。

アベノミクスで輝く日本

中央日報・経済エディターのキム・ドンホ氏は「【コラム】眠りについた安倍氏が助けた…うまく行く日本の秘訣」（2月15日）で以下のように書いた。

・日本経済が熱くなっています。安倍政権が放った金融・財政・成長の「３本の矢」政策が輝き出しているようです。証券市場改革を推進し、女性の社会進出環境を拡充し成長を図りました。

・その結果、日本はいまドル高の余波で円安となり、外国人の投資が続いています。中国を脱出した資金が日本に流れ込み、日経平均株価を１９９０年1月11日から34年ぶりの高値に引き上げました。

・日本政府の経済再生は進行形です。非課税を拡大した新しい少額投資非課税制度（ＮＩＳＡ）には1カ月間で１兆８０００億円が集まりました。ＰＢＲの低い企業を証券市場から追い出し、企業価値上昇の手綱を引き締めています。

これほどに日本を褒める記事は珍しい。21世紀に入ってからというもの、アベノミクスを含め「日本はやることなすこと全てダメ」といった記事が韓国紙の定番だったのだ。

韓国の経済専門家の多くは「企業バリューアップ・プログラム」の動機が選挙対策と極めて不純のうえ、決定過程もあまりに稚拙と冷ややかに見た。その反動もあって日本や故・安倍晋三氏を称賛したのだろう。

株価を下げたいオーナーばかり

ただ、政府の泥縄式の株価対策のおかげで、韓国経済の宿痾《しゅくあ》ともいうべき欠点――財閥オーナーの専横が議論の俎上に上った。株価が上がらないのは企業統治の不健全さのためだ、との批判が一斉に起きたのである。

左派系紙、ハンギョレは「『コリア・ディスカウントは上場会社のガバナンスが原因』…日本の市場改善の理由は」（1月22日）で「商法改正を通じて取締役の忠実義務の対象に、会社はもちろん『株主の比例的利益』も加えなければならない」と主張した。「株主の比例的利益」を強調したのは「オーナーだけが株主の権利を行使できる」韓国の現実からだ。そして「少額株主だって株主だ。一般投資家の権利も保障せよ」と訴えたのである。

韓国の上場会社のほとんどが同族会社だ。低コストで子供に経営権を譲るために、オーナーには株価を低く抑えようとの動機が働く。それを取締役会が阻止しようにも、韓国の取締役は「上司」である会長＝オーナーの言いなりで動く。そこで、株価を上げるには取締役に一般株主への忠実義務も持たせる必要がある、との主張が出てくるのだ。

保守系紙の朝鮮日報も同様の主張を展開した。社説「連日、最高値の米日の証券市場、支配構造を改善してこそ韓国市場も評価を得られる」（1月24日）だ。

・韓国証券市場の不振の根本的理由は、不透明な企業統治構造により、少額株主が阻害されているからだ。社外取締役は賛成の手を挙げる役割に徹しオーナーや経営陣の利益に合わせるばかりで、少額株主は犠牲となる。

・高い相続税、贈与税のためにオーナーは安い株価を好み、配当にも極めて渋い。このように収益性の低い韓国株に海外の投資家はもちろん、「韓国の」個人投資家も短期の差益狙いの投資に傾く。

・政府は空売りの一時的な禁止、金融投資所得税の廃止、大株主の株式譲渡税の緩和など株価対策を発表してきたが、企業支配構造の画期的な改善なしでは一時しのぎに終わるだろう。

一般投資家はゴミ扱い

株価を下げたい株主が世の中に存在することに驚愕する日本人が多いことだろう。筆者も、韓国の上場企業は時価発行増資の前に敢えて悪い材料をリークして株価を下げるのが通例、と知った時には驚いた。ソウルに赴任した1987年のことだ。当時、韓国の証券会社の幹部、K氏と以下のような会話を交わした。

鈴置：なぜ、時価発行前に株価を下げるのでしょうか？

K氏：オーナーの持ち株比率を維持するためです。株価が高ければ、オーナーはその分、余計に払いこまねばなりませんからね。

鈴置：でも、それは会社――ひいては株主に対する忠実義務違反になりませんか？会社が本来、増資により払い込んで貰えるおカネを自ら減らしているのですから。

K氏：株主？ああ、少額株主のことですか。彼らだって低コストで新たな株が買えるのでハッピーなのです。「会社が得べかりし利益を失っている」といえばその通りですが、文句を言う人はどこにもいません。

この会話から分かるように、韓国で「株主」と言えば、上場企業であってもオーナーを指した。一般の投資家は「少額株主」と呼ばれ、一人前の株主と見なされない。ゴミ扱いである。

上場しようと「ワシの会社」

韓国の証券取引所は１９５６年にスタートしたが、上場を希望する企業がほとんどなかった。株を公開すると乗っ取られると警戒するオーナーが多かったためである。企業を煮やした政府は無理やり上場させた。そうした経緯もあって「上場してやった」企業のオーナーはわがまま放題、やりたい放題だったのだ。

ソウル在勤中、こんな経験をした。ある大財閥が傘下の企業の間で工場の所有権を移し替えたが、両社とも上場していたにも拘らず、きちんと情報開示しなかった。

オーナーに「開示しなくていいのでしょうか？」と聞いたら、答は「私の財布を右のポケットから左に移したからといって、いちいち世間に言う必要があるのかね？」だった。韓国では上場企業も、オーナーにとっては「ワシの会社」なのである。

それが問題にならなかったことも見落とせない。時価発行増資の際に株価を下げ、足りない分を銀行借り入れや債券発行で資金調達すれば当然、資金調達コストが上がる。しかし、他の韓国企業も同様の行動をとっているので競争上、不利にならなかったのだ。当時――1980年代までは外国人は韓国株を直接買えなかったため、韓国独特の奇妙なやり方に文句を言う株主はいなかった。このため、オーナーの専横が「韓国の常識」として定着したのである。

2024年年初のガバナンスに関する韓国紙の記事を読むと「韓国証券市場は大きくなったけれど、体質はまだ1950年代のままなのだなあ」と驚かされもする。

企業統治でも中国側

1990年代から外国人も制限付きだが、韓国の上場株式を買えるようになった。通貨危機が起きた翌年の1998年には全面開放された。IMFによる救済の見返りだった。

株も為替も割安と見た外国人投資家がラッシュし、2004年末には韓国証券市場の

1998〜2023年
図表10　日韓証券市場の外国人持ち株比率

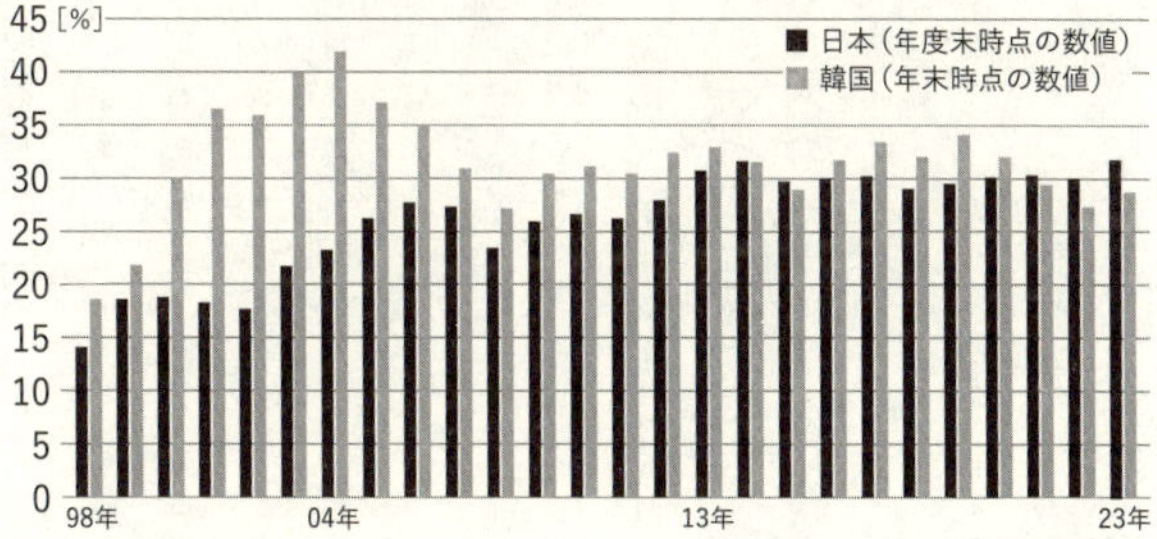

（出所：東京証券取引所、韓国取引所）

外国人持ち株比率は42・０％に達した。外国人投資家は「韓国ルール」に不満を漏らしながらも、サムスン電子など伸び盛りの韓国株を買ったのである。

しかし、韓国の成長が頭打ちになると、外国人投資家は次第に韓国離れした。２０２３年末の外国人持ち株比率は28・８％まで下がった。

一方、日本の証券市場の外国人持ち株比率は２００４年度末には23・３％と韓国に大きく水をあけられていた。だが、じりじりと追い上げ２０１３年度末に30・８％と、初めて30％台に乗せた。２０２１年度以降は韓国を上回った（図表10）。

先に引用したハンギョレの記事も、朝鮮日報の社説も「証券市場の国際化に地道に取り組んできた日本」を強調した。「ＰＢＲを改善せよ」と企業に要求しただけで日本の株が上がったわけではないのだ、と尹錫悦政権に警告したのである。

冒頭に指摘した通り、韓国株が中国株に連座するのは実体経済の依存度が高いからだ。同時に、中韓の証券市場が企業統治の怪しさという点で共通するからでもある。

いずれも「資本調達市場の場」というよりも「一攫千金の投機の場」と見なされている。韓国が中国側の国と分類されるのには、複合的な理由があるのだ。

大統領も株価対策

では、韓国は「PBR」以外の、構造的な市場改革に取り組むのだろうか。2024年、尹錫悦大統領は1月17日と2月8日の2回に亘り、企業を継承する際の懲罰的な相続税を軽減すると表明した。

上場企業のオーナーが相続税対策もあって株価を低く抑えるという現実。それに対抗し、政府はオーナー一族への相続税率を通常以上に高く設定する――。このいびつな形を修正する方針を大統領自ら打ち出したのである。

もっとも、韓国株が下がりに下がったタイミングでの発言だっただけに、本音は4月10日の総選挙で与党支持票を増やす目的と見なされた。総選挙で大きく負ければ、尹錫悦大統領は弾劾に追い込まれかねなかった。

大統領発言もあって株は持ち直した。ＫＯＳＰＩは2月19日に２６８０・26と、約１年9カ月ぶりの高値を更新した。こうなると、政権が相続税軽減にどれだけ本気で動くのかに疑問符が付いた。政治的には投票日まで株が上がっていればいいのだ。

株主総会に力を与えよ

では、相続税軽減を実施したとして、韓国の企業統治は改善するのだろうか——。首を傾げる専門家が多い。オーナーの専横がもたらす弊害は相続に由来する低い株価だけではないからだ。

中央日報の「コリア・ディスカウント問題、相続税廃止だけで終われば失敗、この機会逃せば改善は不透明」（2月13日）が韓国の企業統治問題を分かりやすく説き明かした。

オランダの公的年金を運用するＡＰＧで、アジア太平洋地域の投資を総括するパク・ユギョン氏へのインタビューだ。同氏は２０１５年3月、現代自動車の株主総会で取締役会にガバナンス委員会を設置するよう要求したこともある。

・［コリア・ディスカウントの原因は］韓国企業の低い株主還元率とROE（自己資本利益率）が示す非効率的な資本運用だ。取締役会の大部分は経営陣への牽制と監視の役割を果たしていない。特に、支配株主［オーナー］の強力な統治権に対しては、ほぼ無牽制である。

・これを放置したのが法律と規制の枠組みだ。韓国の商法には取締役会の株主に対する義務が盛り込まれていない。株主総会の権限は小さく、取締役会の権限が大きい。少額株主が取締役会や経営陣に責任を問える、牽制と監視の役割を果たす制度がない。

・［海外の投資家は］資本の論理が通じない市場と見ている。株価が低いため、債券発行に頼らざるを得ない。新株発行を通じた企業買収も難しい。

・［コリア・ディスカウント解消には］株主総会の実効性を強化する必要がある。利害関係者との［株式などの］大規模取引や、経営陣への報酬、大規模株式発行などを株主総会の決議事項とすべきだ。取締役に会社の利益保護とともに株主の利益向上義務を課し、自社株買い入れ後の消却を明文化する法改正にも努力すべきだ。

・［韓国政府の進める企業バリューアップ政策に関しては］コリア・ディスカウント解消の意志を見せたのは評価する。だが、大株主への相続税廃止ばかりが強調され、それ以外が疎かにならないよう望みたい。
・今回の機会を逸し、世界の機関投資家の失望を呼べば、改善の道を失い結果的に企業の競争力に悪影響を与える。日本では安倍政権の時から一貫して推進してきた政策が、ここ数年間で花開いたのだ。

企業統治改革は空振り

この堂々たる正論も政府の耳には届かなかった。2月26日に全体像が発表された「企業バリューアップ・プログラム」も、大山鳴動してネズミ一匹の結果で終った。

骨子は①上場会社は2024年7月までに企業価値向上計画を立てて公表する、②価値向上に努めた企業で構成する指数による上場投資信託（ETF）を売り出す──の2本柱だった。だが、2月26日の株価は下げた。向上計画を実施しない企業への罰則はなく、実効性が疑われたからだ。

朝鮮日報は社説「株価を引き下げた政府の『コリア・ディスカウント』解消方案」

（2月27日）で「少額株主の権利保護など統治構造の改革が手つかず」と批判した。

もっとも韓国が、サラリーマン経営者が多い日本と同様の透明性の高い企業統治を目指すことがそもそも無理、との指摘もある。韓国の上場企業はオーナー支配がほとんどであるうえ、経営者も親族に継がせるのが普通だ。

オーナー一家から既得権をはぎ取ろうとすれば、大変な抵抗が起きる。子供や親族の就職で財閥に世話にならない政治家は保守にも左派にも少ない。

日本に比べ株価が上がらないといっても、直ちに経済が悪化するわけではない。選挙の前に株価が下がらなければ、政治家にとって問題はないのである。

「わがままな子供」から「わがままな孫」へ

ただ、オーナー専横の弊害は株価の問題に留まらない。国民が抱く財閥や資本主義への反感の根には、オーナーがやりたい放題できる企業統治の風土があるからだ。

2014年12月5日に起きた「ナッツ・リターン」事件がその象徴だ。大韓航空のオーナーの娘である副社長が、自社機内でナッツの出し方が悪いと怒りだし「口答えした」チーフパーサーを降ろすよう命令。滑走路に向かっていた乗機を規則に違反して搭乗ゲートに引き返させた事件だ。

韓国ではこの事件により、財閥に対する国民の怒りが爆発した。大韓航空は氷山の一角であり、多くの大企業の社員がオーナー一家の専横への不満を抱いていたからだ。

1990年、韓国企業に勤めていたある若者が会社を辞めた。彼からこうこぼされた。「創業者が威張るのは理解できる。苦労してゼロから会社を大きくしたのだから。だが、その息子や娘が我々を奴隷のように扱うのには我慢ができない。彼らは何の努力もしていない。この理不尽さは非同族企業に勤めているあなたには実感できないだろう」。

この時、筆者は問題の大きさを見誤った。企業が大きくなるほどに、あるいは代替わりするごとに一家の保有する株式の比率は落ち、いずれオーナー支配の構造は終焉する、と考えたのだ。

ところが、オーナー一家の株式比率維持を可能にする奇妙なルールの存在により、問題は解決しなかった。それどころか、時がたつに連れ、国民の反感を掻き立てる「わがままな息子や娘」が「わがままな孫たち」となり、数が増えていったのである。

財閥が韓国リスクに

社会主義陣営の崩壊後も韓国に左派が根強く残るのも、目に見える悪しき資本主義の象徴である「専横なオーナー一族」が存在するからである。

韓国の左派陣営はしばしば「1987年の民主化の不徹底」を語る。当時、政治的な民主化には成功したものの、経済的な民主化には及ばなかった――との主張だ。当然、結論は財閥の解体である。保守の中には、やりたい放題の財閥を牽制することが革命を防ぐ道だ、と唱える人もいる。多くが日本を知る人である。

財閥への不満はあるものの、さほど大きな社会的な争点にならなかったのは経済成長が続き、その配当が国民に行き渡ってきたからだ。だが、少子高齢化により韓国の成長が止まるのはほぼ確実だ。放置してきた「経済民主化」の問題が韓国の新たなリスクになる可能性が高い。

4　台湾の民主化は進んだのに……

「韓国民主主義の蹉跌」が欧米のアジア専門家の間で注目を集める。韓国とほぼ同時に民主化した台湾と比べても「後退ぶり」が際立つのだ。

法治と相性の悪い儒教

欧州のアジア専門家から「台湾の民主化は着実に進展したのに、なぜ、韓国の民主主義は後退するのだろうか」と聞かれたことがある。２０２０年のことだ。文在寅政権が指揮権発動を繰り返したうえ、政権の腐敗捜査に乗り出した尹錫悦検事総長を辞めさせようとしていた。

筆者は即座に「儒教」を理由に挙げた。朝鮮人・韓国人は李氏朝鮮以来、儒教を国家の統治原理に採用してきた。人間の修養によって世の中を律しようとする儒教は、法律で人間を縛る法治主義と相性が極めて悪い。このため、韓国人には未だに法治意識が薄く、法治をベースに運営される西欧的な民主主義は韓国には根付きにくい——との見方である。

これに対しては「台湾人も中国文明——儒教に育まれてきた人々ではないか」と反論された。筆者は「日本が植民地化するまで台湾には国家らしい国家が存在していなかった。台湾人にとって初めて経験したのは日本が運営する法治国家だった。台湾には儒教国家という〝悪しき前例〟がなかった」と答えた。

1945年、戦争に負けた日本人が引き上げ、代わりに中国人が大陸から入って来た。それを台湾人は「犬が去って豚が来た」と評した。「法律を守れ」と口うるさい日本人と、汚職が当たり前の中国人を動物に例えて比べたのだ。

「日本だって儒教国家ではないか」との疑問も寄せられよう。確かに、江戸幕府も儒教を統治のための学問に選んだ。だが、仏教を排撃し、儒教だけを国民に刷り込んだ李氏朝鮮の徹底ぶりを知れば、日本が「儒教国家」を名乗るのもおこがましいと分かる。そもそも、江戸時代の日本は宗教的には仏教国家であり、洋学や国学など多様な学問が花開いていたのである。

民主化に生存をかけた台湾人

だが、儒教だけでは完全には説明できない。法治意識が乏しい国に西洋型の民主主義が根付きにくいのは事実としても、韓国の民主主義の後退はあまりに急だからだ。

台湾との違いは民主化への「思い」の差から来るのだなと膝を打ったのが、2022年のロシアのウクライナ侵攻の時だ。ゼレンスキー演説の際のドタバタ劇が垣間見せた韓国人の驚くべき見栄張りぶり（第2章第1節）。「民主主義国」という勲章が欲しいだけの人々は別段、その後退を気に留めない。世界が先進国、民主国家と認めてくれさえすればいいのだ。

一方、台湾の民主化には人々の生存がかかっていた。自分たちの運命は自分たちの意思で決めたい。そのために中国大陸から降ってきた国民党政権の独裁は打破せねばならぬ、との思いだ。台湾研究者の若林正丈・早稲田大学名誉教授が『台湾の歴史』（講談社学術文庫・131ページ）で以下のように解説している。

・「第三次国共合作」を掲げた北京の新たな政治攻勢は、もともと中華人民共和国とは縁が薄く、二・二八事件以来「中華民国」とも折り合いが悪かった台湾社会の、国共の取引によって自分たちの運命が頭越しに決められてしまうのではないか、との不安をより現実的なものとした。
・そこで、自由・人権と政治制度改革という民主化一般の要求と、台湾の運命は台湾住民自身の手で決められるべきだとする「住民自決」のスローガンが結びつくこととなった。

「思い」の存在は日本にも共通する。日本は大正デモクラシーで民主政体の形をいったん整えた。だが経済危機や戦争に直面すると、もろくも崩れてしまった。戦後にようやく民主政治が根付き始めたのも、「あんな悲惨な戦争は二度と繰り返すまい」との思いが国民に共有されたからだろう。

国論分裂から合意を形成

生き残りをかけて民主主義を実現した台湾。庶民は怒りから、知識人は先進国ブランド欲しさから民主化に動いた韓国。初期条件がこれほどに異なると、時間がたつに連れ民主政治の仕組みは対照的に機能した。
民主化当時、台湾は国論が二分していた。国民党の掲げる「統一」と、民進党の目指す「独立」である。だが、選挙を通じ「統一か、独立か」を国民に問ううちに「現状維持」というコンセンサスが生まれた。民主化で勝ち取った公正な選挙が国に安定をもたらしたのだ。

一方、韓国は選挙のたびに左右対立が先鋭化した。民主化を実現したと自負する左派と、経済成長は自分たちが成功させたと自賛する保守派が激しい権力闘争に陥り、退任後の大統領を刑務所に送るのが常態化した。対立する党派の政治家を誣告し、自死させる李氏朝鮮の党争の再現である。

第2章第1節で紹介した田中明氏が喝破したように、そもそも韓国の民主化とは「文人が軍人から権力をとり返した党争の現代版」に過ぎなかったのだ。

ミャンマー、リビア並みの韓国

さすがに世界も韓国民主主義の後退を見抜き始めた。世界の民主主義を研究するスウェーデンの独立調査機関、V-Dem（民主主義の多様性）研究所は2024年3月7日に発表した報告書「Democracy Report 2024」で2023年の韓国について「権威主義的な方向に進んだ」と判定した。

「民主化の進展後、5年以内に権威主義に転じた国」を「ベル型後退」と名付けたうえ、韓国の民主主義の後退の度合いはエルサルバドル、ミャンマー、リビアなどに次ぐ世界9位と算出した。根拠として「前政権の高官を処罰するなど権力の乱用」を挙げた。法治の崩壊に注目したのである。

ただ、権力を乱用したのは尹錫悦大統領と名指しする半面、文在寅大統領の乱用は一切無視した。それどころか、「もともと人権活動家であり、汚職にまみれた朴槿恵大統領以前の水準に自由民主主義を回復した」と称賛した。「権威主義は保守固有の悪弊」「人権派は法律を守る」との偏見があるのだろう。

4月10日、韓国総選挙当日の仏ル・モンド紙は「政権により法治が脅かされる韓国」と題する記事を載せた。V-Dem 研究所の報告書も引用した。前文は以下だ。

・野党指導者に対する刃物による攻撃、総選挙の候補者に対する司法の恣意的な捜査、メディアのコントロール。4月10日の韓国総選挙は民主政治のひび割れを浮き彫りにする雰囲気の中で展開した。ポピュリスト的ではないにしろ、権威主義的な傾向の政権によって民主政治が弱体化されたのだ。

問題化しない「法治の崩壊」

もっとも、こうした西洋の冷ややかな視線に韓国人が動じたフシはない。主に左派系紙が V-Dem 研究所の報告書を報じはしたが、国民的な話題にはならなかった。なぜだろうか。あれほどに外国人、ことに西欧人の評価を気にする人たちであるというのに。ミャンマーやリビアと並べて韓国の民主主義が論じられたことが不愉快だったのは間違いない。V-Dem 研究所の報告書は絶対値ではなく「後退の幅」を数値化したのだが、誇り高い韓国人には我慢がならなかったのだろう。

そもそも韓国では、欧州の研究所やメディアが民主主義の後退の証拠としてあげた法治の崩壊は、さほど重大な問題ではない。李朝時代から反対勢力を誣告して死罪に陥れるのは常套手段だった。

１９４８年の近代国家の建設以降も、死刑まではいかなくとも政敵を牢屋に放り込むのは「よくあること」だった。自分の属する党派の人士が誣告されれば非難するが、それが成熟した民主政治の障害になるとの認識は韓国人に薄いのである。

韓国でも「政治的対立が激しくなると、権力は中立であるべき司法を支配し、民主主義を壊す」と警告したS・レビツキーとD・ジブラットの『民主主義の死に方』が注目される。だが、メディアがそれを引用する時は反対勢力の横暴を非難する時だけである。

韓国人に民主主義はなじまない？

根本的には民主主義の理解の問題であろう。1987年の民主化で直接選挙制を導入し、民主主義は完成したと韓国人は思い込んだ。多様な意見をまとめ上げてコンセンサスを作るのが民主主義の真骨頂なのに「だれでも発言できる」という形式的な段階で止まってしまったのである。

実は民主化まで、多くの韓国人が自分の国に日本のような民主主義を導入するのは困難と語っていた。妥協のできない韓国人は強いリーダーシップで率いるしかない。民主化しても合意を生めるどころか混乱するだけ、というのである。

そんな空気の中、韓国にも民主政治は根付くと信じ、左右両陣営に妥協の重要性を訴えた人がいた。第2章第2節で紹介した「寛容と忍耐」を説いた保守政治家、金潤煥氏だ。

金潤煥氏は2003年に71歳で亡くなったが、生きていたら現在の韓国をどう思うか、聞いてみたい気がする。

第3章　米中の間で右往左往

1　李承晩時代は『坂の上の雲』になるか

米国側に残るのか、中国側に行くのか——。韓国が揺れ続ける。米国は友邦なのか、民族の敵なのか、という根本的な認識を巡り国民が割れているからだ。

日清・日露は民族生存の戦い

ソウル五輪（1988年）前後の5年間、韓国に駐在した。「この国に司馬遼太郎は出るのだろうか」としばしば考えた。

司馬遼太郎は明治維新から日露戦争までの30年余りを「これほど楽天的な時代はない」（『司馬遼太郎が考えたこと　4』新潮文庫・109ページ）と断じた。

その結晶が歴史小説『坂の上の雲』である。1968年4月から1972年8月までサンケイ新聞夕刊に連載され、後に国民小説と呼ばれることとなった。自画像——日本とは何者なのか、に関し国民的合意を作り上げたからであろう。

連載当時、「戦前の日本はすべて間違っていた」という極端な歴史観が跋扈していた。司馬遼太郎は「日清・日露戦争は民族生存のための戦いだった」と明快に規定し、国民に自信を持たせた。『坂の上の雲（一）』（文春文庫・77ページ）にはこうある。

・この小さな、世界の片田舎のような国が、はじめてヨーロッパ文明と血みどろの対決をしたのが、日露戦争である。

・その対決に、辛うじて勝った。（中略）この当時の日本人たちは精一杯の智恵と勇気と、そして幸運をすかさずつかんで操作する外交能力のかぎりをつくしてそこまで漕《こ》ぎつけた。いまからおもえば、ひやりとするほどの奇蹟といっていい。

一方で、司馬遼太郎は日中戦争から太平洋戦争に突き進んで行った昭和を異形の時代と見なした。『この国のかたち　二』（文春文庫・283ページ）から引用する。

・終戦の放送をきいたあと、なんとおろかな国にうまれたことかとおもった。
(むかしは、そうではなかったのではないか)
と、おもったりした。
・いくら考えても、昭和の軍人たちのように、国家そのものを賭《か》けものにして賭場《とば》にほうりこむようなことをやったひとびとがいたようにはおもえなかった。

『坂の上の雲』が書かれた当時、日本には「米国の圧迫により太平洋戦争に突き進まざるを得なかった」との認識を持つ人もいた。司馬遼太郎はそれを真正面からは否定しなかったものの、戦争にのめり込んでいった日本を難詰した。「日清・日露」と「それ以降」を区分する「司馬遼太郎史観」は国民の自画像を固めることで、日本が世界とどう向き合うかも定めた。

――西側で生きて行く以上、侵略戦争は反省してみせる必要がある。しかしそれだって、西欧を真似しただけなのだ。列強が植民地の争奪合戦をしていた頃の日本の行いまで非難されてはかなわない。そこは謝らないぞ……。

戦後70年談話も司馬史観

そんな姿勢を批判する向きも一部にはあったが、国民の熱い共感の前にかき消された。日本は第1次世界大戦後の新しい潮流を読み間違えた、との見方は『坂の上の雲』の専売特許ではない。京都大学の高坂正堯教授も1966年に上梓した『国際政治　恐怖と希望』（中公新書）の序章「問題への視角」で以下のように書いた。

・日本の政治家も国民も、平和への志向とイデオロギーという二つの要因が加えられることによって大きく変った国際政治を正しく捉える想定を持っていなかった。

ただ、『坂の上の雲』の影響力は圧倒的だった。2009年から2011年の間、NHKがドラマ化し特別番組として放送したこともある。「司馬遼太郎史観」は現実政治にも大きく影響した。象徴的だったのが2015年8月14日に安倍政権が閣議決定した「戦後70年談話」である。骨子は以下だ。

・19世紀に西洋の植民地支配の波がアジアにも押し寄せた。日本はアジアで最初に立憲政治を打ち立て独立を守った。日露戦争はアジア、アフリカ人を勇気づけた。ただ、第1次世界大戦後に民族自決と戦争違法化の潮流が生まれた際、日本は新しい国際秩序への挑戦者となってしまった。

「司馬遼太郎史観」そのものである。「戦後70年談話」は日中戦争以降の日本に関してはおおいに反省したため、西欧諸国から異議は一切出なかった。一方、「日清・日露」の結果、日本を含む列強による蚕食が進んだ中国と、日本の植民地に転落した韓国からは「謝罪が足りない」と不満の声が上がった。

日本の良心を自負する朝日新聞も2015年8月15日の社説で「村山談話の内容から明らかに後退している」「中国や韓国が謝罪を求め続けることにもわけがある」と厳しく批判した。だが、「司馬遼太郎史観」を受け入れた普通の国民からは何の違和感も表明されなかった。

同族が殺し合う韓国の国民小説

韓国にも二千万人以上が読んだとされる国民小説がある。独立から朝鮮戦争の休戦までを描いた『太白山脈』だ。作家の趙廷来（チョ・ジョンネ）氏が1983年から1989年にかけて発表した。1999年に出版された日本語版の前書き（6ページ）で、著者は次のように書いた。

・小説『太白山脈』は、韓民族の最大の悲劇である分断をいかに克服し、統一を成し遂げるかという歴史的な課題を文学の方法で解いてみようと試みた作品であり、また、米・ソが対立した世界的な冷戦体制下で、南北の同胞が、どれほど凄惨極まりない戦いを繰り広げなければならなかったかを形象化したものである。

建国期を描いた歴史小説という点では同じだが、国民に対しては正反対の影響を及ぼした。『坂の上の雲』を読んだ日本人は「大国に雄々しく立ち向かい、生き残りに成功した」明治の人々への感謝の念を抱く。同時に、自分たちの世代に課された責務に思い至る。

一方、どちらの大国に付くかで分裂し、殺し合った韓国人を赤裸々に描いた『太白山脈』。秩序の破壊者と決め付けられていたパルチザン――共産ゲリラを、統一を目指す一個の人間として描いた点が出版当時は新鮮だった。

だが結局は、同族が殺し合う物語なのだ。「情けない過去」を突き付けられた人々に自信を持てと言うのは無理があった。著者は大国からの自立を訴えるつもりでも、読み手の目は「事大主義のご先祖さまたち」に行ってしまう。『坂の上の雲』の朗らかさとは対極にある小説なのである。

親米から反米へ

2つの国民小説が及ぼした影響の差がもっとも大きく出たのは、米国との向き合い方だ。『太白山脈』は「大国からの自立」を訴えるだけに、米韓同盟に対する否定的な感情を国民に吹き込んだ。『坂の上の雲』が国民に「いろいろあるにしても、米国とは折り合っていけよ」と暗示したのとは180度異なった。

1970年代まで、韓国は世界でもっとも親米的な国と言われた。朝鮮戦争で国が滅びかけた時、自国の若者の命を犠牲にしてまで救ってくれた、との感謝の念からである。だが1980年代に入ると、反米の空気が社会のあちこちで燻り始めた。

——米国が兵を送って来たのは韓国を助けるためではない。世界支配が目的だ。その証拠に北との対立を煽っては分断を固定し、我が国に軍隊を置き続けているではないか。我々が手を結ぶべきは米国ではなく、北の同胞なのだ……。

地下出版物を含め、大学街に溢れた政治パンフレットによってこうした「新しい見方」が知識人に広まった。１９８７年の民主化で言論・出版の自由が保障されたことも、それを加速した。

政治パンフレットなど読まない普通の人々も、１９８９年に全集が出版された『太白山脈』によって米国への疑いの目を育てた。保守的な韓国人からさえ「米国の腹黒さ」を聞かされるようになったのもこの頃である。

母親は魔物だった

反米情緒に一気に火がついたのが１９９７年だった。末期の金泳三政権が外貨管理に失敗。ヘッジファンドの通貨攻撃でドル不足に陥った韓国はＩＭＦによる救済でようやく生き延びた。

旧知の韓国人は、救済直後に訪韓した筆者に会うなり「我が国は乞食になりました」

と語った。韓国人のプライドがいかに傷ついたか、よく分かった。

別の知人は「助けてくれる国はなかった」と肩を落とした。決済用のドルが足りなくなった際、米国か日本が当然助けてくれる、と韓国人は信じた。ところが両国からはすげなく拒否され、IMF支配という屈辱を受けたのだ。

「夜道で魔物に追いかけられて逃げた。走るうちに、母親の後ろ姿が見えてきたので安心した。でも、振り返った母親の顔は魔物だった」と悪夢に例えた人もいた。最後は何とかしてくれるはずの米国に見捨てられた韓国人。失望は憎しみに変わった。

1998年に韓国初の左派政権である金大中政権が登場すると、北朝鮮に急接近した。2000年6月に史上初の南北首脳会談を開き、対北援助も本格化した。

南北和合ムードが高まる中、スパイを摘発する国家保安法の廃止までが言挙げされた。米政府は苦々しく見ていた。その米国の不快感をうれしそうに語る韓国人もいた。

李承晩の再評価

北朝鮮への急激な傾斜に保守は反撃した。初代大統領、李承晩(イ・スンマン)の再評価という、意外な手口だった。口火を切ったのは保守論壇の重鎮で「月刊朝鮮」の趙甲済（チョ・カプチェ）編集長である。

自由民主主義体制を国体に選んだうえ、米国に強訴して米韓同盟を結んだ李承晩大統領こそが韓国の恩人、との明快な評価を趙甲済氏は打ち出した。

「月刊朝鮮」の2000年4月号で編集長自らが筆をとった「李承晩、リンカーン、金大中、そして国家の自殺」という長いエッセイのポイントが以下だ。

・1948年、私たちの先輩たちが大韓民国を作った時、内では左右の理念対立により、外では国際共産主義の挑戦で騒がしく、国の物質的な基盤も脆弱だったものの李承晩大統領の［演説の］言葉は飾らず、堂々としたものだった。

・民主主義に対する確信、祖国の未来に対する楽観、北朝鮮の共産集団に対する軽侮を堂々と説得した彼の演説を読んで、私は胸の奥底からこみ上げるある種の自負心を感じることができました。

「北朝鮮正統論」に対抗

趙甲済氏が建国の偉人として李承晩大統領を持ち上げたのは、「北朝鮮正統論」に対抗するためだった。韓国の左派は「朝鮮民主主義人民共和国よりも先に大韓民国を樹立した李承晩こそが南北分断の元凶だ」「そのうえ米国と同盟を結び、分断を固定した」と主張し始めていた。

それは「統一を熱心に主張した金日成（キム・イルソン）――北の側にこそ正統性がある」「南――韓国は生まれてはいけない国だった」との認識に直結する。趙甲済氏は李承晩再評価を引っ提げて、左派の思想攻勢に立ち向かったのだ。

だが、趙甲済氏の主張は直ちには受け入れられなかった。李承晩再評価はアナクロニズムと受け取られ、保守陣営からも無視された。李承晩大統領には退任直後から「傲慢な独裁者」のレッテルが貼られていた。

1960年4月に辞任したのも、不正選挙に抗議した学生への銃撃などにより全国で183人の死者を出した責任をとってのことだった。国父として慕う庶民もいたが、知識人のほとんどは否定的に見ていた。

趙甲済氏自身もこのエッセイで、2000年に別冊単行本『世界を感動させた名演説』を出版するため、たまたま就任演説を読んでようやく李承晩大統領の今日的意味を理解したと告白している。

2002年6月には米軍の装甲車が韓国の女子中学生2人を公道で轢き殺す事故が起きた。運転していた米軍人は米軍法廷で無罪が確定した。韓国では反米感情が極度に高まり、親米路線を敷いた大統領を再評価するどころではなくなった。

ウソを信じて生きてきた

風向きが変わったのが2020年代に入ってからだ。初代大統領の記念館を作ろうと募金運動が始まった。これを後押ししたのが、2024年2月に封切りされたドキュメンタリー映画「建国戦争」だ。韓国人にとって、以下のような驚きの「新事実」が満載だった。

・朝鮮戦争の開戦直後、李承晩大統領が市民に「国民の皆さん、安心して下さい。ソウルを死守します」と放送して自分だけは逃げた――とされてきたが、そんな発言をした証拠はない。「マッカーサー将軍が我々のために将校と軍需物資を送って来るだろう」と言っただけである。

・ソウル市民が漢江を渡って逃げる際に韓国軍が橋を爆破したため多数の死者が出た

とされるが、実は横に小さな人道橋が設けてあり、市民の犠牲者はなかった。
・韓国の経済成長は朴正熙政権が実現したとされているが、李承晩時代に準備されていた。
・農地改革や女性参政権など先進的政策は李承晩大統領の指導により実現した。

封切り直後から保守系紙、朝鮮日報は「李承晩を見直そう」と呼びかける記事を載せた。多くの記者が自身も李承晩大統領への偏見を持っていたことを告白した。

・「【ユ・ソクジェ記者の突発歴史戦】イ・スンマンが分断の元凶？　真っ赤なウソだった」（2月23日、ユ・ソクジェ文化部記者）私も大学生の時は分断の最高責任者は李承晩との考えから逃れられなかった。しかし、北朝鮮では「大韓民国建国の1948年8月以前の」1946年2月に北朝鮮臨時人民委員会という名の事実上の政府がスタートしていたのだ。
・「【キム・ユンドク・コラム】国民の目を歴史から覆った『百年戦争』の沈黙」（3月20日、キム・ユンドク記者）「70年間、我々はウソを信じて生きてきました」と

［「建国戦争」の］キム・ドクヨン監督は言う。李承晩に対する憎しみは、その時代を生きていなかった従北勢力が80年代に作りだした。

・「【光化門ビュー】彼らが李承晩を襲った時」（4月1日、パク・ウンジュ・エディター）保守政治家やエリートの中で「李承晩を尊敬する」と公言した人は珍しい。臆病で怠惰で損はしたくない。見て見ぬふりをしたのだ。

「雄々しい建国物語」を持ちたい

李承晩に対する評価の急変には韓国人自身があっけにとられた。それはなぜかを説き明かす記事も書かれた。時が流れ憎しみが薄まったからだ、との説明が多い。確かに、李承晩退任から64年――2世代が過ぎたのだ。

1995年に朝鮮日報が1年間かけて、65回もの企画記事「巨大な生涯　李承晩90年」を連載したことがある。歴代大統領を紹介するシリーズの一部で、趙甲済氏のように積極的に再評価したわけではない。それでも李承晩退任から35年しかたっていなかった当時は反発もあったと、この企画の責任者は2024年に明かしている。

2020年代になると北朝鮮が民族の正統政府と考える人は少数派になった。国民を飢えさせ、人権侵害の塊のような国であることが知れ渡ったからである。そのうえ、核で韓国人を脅しもする。

ただ、時間の経過や北朝鮮への認識の変化だけでは、完全に説明が付いたとも思えない。「建国戦争」は2カ月足らずの上映で、ドキュメンタリー映画としては異例の観客動員数116万人を記録したのである。

韓国人も朗らかな建国の物語が欲しくなったと考えるのが一番、納得しやすい。第1章第3節でも説明したように、21世紀の韓国人は大いに自信を持ち、「世界に冠たる韓国」という新たな自画像に酔った。

だが、初代大統領に「分断の最高責任者」のレッテルを貼り、韓国を「生まれてはいけなかった国」と規定する限り、新しい自画像に見合った雄々しい建国物語は持てないことになってしまう。

虐殺はウソではない

では、李承晩時代は再評価によって韓国版『坂の上の雲』になるのだろうか――。即断できない。

左派は映画「建国戦争」に対し全力で反撃に出た。この映画の主張を認めれば、北朝鮮を敵視し米韓同盟を肯定的にとらえる空気がどんどん広がってしまうと危惧したのだろう。

YouTubeなどを通じ左派は「李承晩自身が『ソウルに留まれ』と言った証拠はないにしろ、国防部長官は『安心しろ』と放送している」「不正選挙の実行者は部下としても、大統領の責任は逃れられない」「朝鮮戦争前後の左派の虐殺について『建国戦争』は無視している」などと反撃した。こうした意見はそれなりの説得力があり、賛成する人も多い。

李承晩への再評価というハードルを超えることさえ難しい以上、米国とどう向き合うのかについて国民の合意も簡単には生まれないだろう。

米中対立が深まる中、「米国は友邦」という見方に再び逆風が吹き始めてもいる。米国は韓国を中国包囲網に組み込もうとする危険な国、との新たな見方が、左派のみならず保守からも湧きあがったからである。

2 従中を生む「底の浅い民主主義」

韓国はなぜ、中国にすり寄るのだろうか。長い間、属国だったからだ。ただ、それだけが理由ではない。

「中共」から「中国」へ

韓国人の中国への姿勢について初めて「おや?」と思ったのは、1988年のソウル五輪の時だ。韓国はまだ中国と国交を結んでおらず、米ソ冷戦の終わる気配もなかった。だが、中国がソウル五輪に参加する直前、政府の命令によってメディアを含め国中が「中共」という呼び方を「中国」に変えた。「中共」は敵対感の籠った「Red China」の翻訳語と見なされたからであろう。

日本も国交回復の際に「中共」から「中国」へと呼称を変えたから、そのこと自体は不思議ではなかった。ただ、当時の韓国は強烈な反共国家だった。

ことに中国は朝鮮戦争に介入し、あと一歩で成就しかけていた統一を邪魔した憎い敵であった。というのに、新しい呼び方に異議を唱える人は保守派にも見当たらなかった。それどころか、皆が誇らしげだった。

韓国語で「中共」と呼んだ筆者に対し、ソウル五輪の韓国人職員は「我々は『中国』という言葉を使います」とうれしそうに諭した。それまで韓国語で「中国」とは台湾を意味したし、下手に使うとスパイ扱いされると教えられていたから「中共」を使ったのだが。

——それにしても、あんなに喜ぶ韓国人。北がいくら「南の五輪に協力しないでくれ」と頼んでも、中国は選手団をソウルに送った。「中国は北ではなく南が正統と認めた」と北朝鮮に威張りたいのだろう。だが、それは危険な発想だ。南北どちらが朝鮮半島を代表する国かを決めるのは中国、と認めてしまったのだから。独立国としてあまりに卑屈ではないのか……。

江沢民の威を借りた金泳三

こんな筆者の危惧が現実化したのが1995年11月14日の中韓首脳会談だった。両国は1992年8月に国交を樹立し、江沢民氏は中国の主席として初めて訪韓した。

会談後の共同会見で金泳三大統領は「日本の腐った根性を叩き直す」と発言した。直前に江藤隆美総務庁長官がオフレコで「植民地時代に日本はいいこともした」と語ったことに反発してのことだった。

会見する金泳三大統領のすぐ後ろに江沢民主席が控えており、文字通り「トラの威を借るキツネ」の構図だった。日本に対しては「俺の後ろには中国がいるぞ」と脅し、中国に対しては「中国と組んで日本を叩きます」と媚を売ってみせたのだ。

韓国の友人に「日本を批判するなら後ろ盾なしでやるべきだろう。あれでは『中国の使い走りになります』と宣言したようなものだ。中国だけでなく、世界中から韓国は『その程度の国か』と舐められる」と言ってみた。

しかし、それに同意する韓国人は皆無だった。中国との国交樹立により外交資源が一気に増え、日本に対して言いたいことが言えるようになった、と喜びの色を隠さない人ばかりだった。

6世紀に新羅が隋に朝貢して以来、19世紀末まで中国大陸の歴代王朝の冊封体制下で生きてきた人々。中国を世界の中心として崇める心持ちは、20世紀の終わり近くになっても変わらないのだな、と驚くほかなかった。

「離米従中」の元祖

金泳三大統領は中国にすり寄るために米国も売った。米国の軍事機密を中国に渡したのだ。複数の自衛隊関係者によると、米国と軍事協議を終えるとすぐに情報機関のトップを中国に送り、江沢民主席に直接報告した。それに気付いた米軍は自衛隊に対し、韓国に安易に情報を漏らすな、と通告した。１９９０年代中盤のことだ。政権が代わり、21世紀になっても対中情報漏洩は続いた。頼みもしないのに軍事情報を持ってくる韓国をいぶかしみ、「なぜ、同盟国である米国を裏切るのだろうか」と幹部自衛官に聞いた人民解放軍の高官もいた。

１９９７年の韓国の通貨危機の際、米政府は救済しなかったうえ、ドルを貸して助けようとした日本も制止した。国際金融の専門家には金泳三政権の裏切りに対する仕返しだったと見る人が多い。

だが、韓国の指導層はそれを国民にひた隠しにした。反米感情に油を注ぎたくなかったのだ。政府もメディアも、通貨危機に陥ったのは日本の貸し剝がしのためだったと話をすり替えた。

金泳三大統領は「離米従中」政策の元祖となった。ただ、米中等距離外交に踏み切る覚悟まではなかった。国交樹立で手にした中国という外交カードを駆使して、これまで「NO」と言えなかった日米に意趣返しする、といった程度だった。

二股外交の朴槿恵

明確に二股外交を目指したのは朴槿恵大統領だった。政権スタート直後の2013年4月1日、朝鮮日報の金大中顧問が書いた「〝二股外交〟」という見出しの記事が号砲となった。

左派の元大統領と同じ名を持つ金大中顧問は保守論壇の大御所であり、朴槿恵大統領のメンターと見なされていた。親米派としても有名だったので、米中二股外交を批判する記事かと思ったら、完全に逆だった。「朴槿恵大統領は初の外遊に米国を選んだようだが、まず中国を訪問すべきだ。少なくとも今後5年間は韓国の安全保障と経済にもっとも敏感で影響力を持つ国は米国から中国に代わるからだ」と言い切ったのである。

見出しは「二股外交」だが、「米国よりも中国が大事」と主張したのだから、画期的な出来事だった。さらに驚いたのは変節したのが親米派の親玉だけではなかったことだ。

この記事への批判は誰からも出ず、保守を自任する韓国人も当然と受け止めていた。「中国の国力は近い将来に米国を追い越す」との認識が韓国で広まっていたからである。

朴槿恵政権は２０１５年3月には中国が創設するＡＩＩＢ（アジアインフラ投資銀行）への加盟も決めた。米国と日本が主導するＡＤＢ（アジア開発銀行）の向こうを張って中国の影響力強化を図る組織だけに、米国は加盟しないよう求めた。

だが、韓国は無視した。「安美経中」――安保は米国を頼るにしろ、経済では中国と組む――が国民的な合意となっていたからだ。韓国の対中輸出額は２００３年に対米を上回り1位に躍り出ていた。

２０２４年現在、世界の2大メモリーメーカーのサムスン電子とＳＫハイニックスのメモリーは20－40％程度が中国工場製と報じられている。韓国の産業界は政府の後押しのもと、中国と完全に一体化し、抜けだせなくなったのだ。

日本政府が21世紀に入り「チャイナ・プラス・ワン」政策を掲げ、対外投資が中国に偏らないよう産業界を指導したのとは対照的だった。対中投資の比重が一時は高まった台湾も、政府が先端半導体の中国生産は禁止してきた。日台と比べ、韓国の中国への無警戒ぶりが際立つ。

天安門パレードに参加

朴槿恵政権の従中路線は2015年9月3日の抗日戦勝70周年記念式典で頂点に達した。主要行事は天安門での軍事パレードで、中国が軍事的にも米国に匹敵する国になったと示すのが目的だった。米国の同盟国は警戒しパレードに首脳を送らなかったが、韓国だけは朴槿恵大統領本人が参加した。

パレードを観閲する雛壇で朴槿恵大統領は習近平主席のすぐ前、プーチン大統領とカザフスタンのナザルバエフ大統領の間に席を与えられた。韓国メディアは左派、保守問わず「中国から序列3位の扱いを受けた」と歓声をあげた。

「参加するな」と警告を発していた米国は激怒した。1カ月後の10月16日にワシントンで開かれた米韓首脳会談後の共同会見で、オバマ大統領は韓国の離米従中を厳しく批判した。朴槿恵大統領を横に置き「[中国の不法な海洋進出に関し]韓国が我々と同じ[対中非難の]声をあげることを望む」と述べたのである。

だが、米国にこれほどはっきりとクギを刺されても、韓国で従中路線を修正させるほどの批判は起きなかった。朴槿恵大統領が「米国は韓国の対中政策を支持した」と言い張ったうえ、国民も「米中両大国を手玉に取る朴槿恵外交」に酔いしれていたからだ。

「香港扱い」の文在寅

文在寅政権になると中国は韓国を露骨に属国扱いし始めた。２０１７年5月19日、就任直後の文在寅大統領は元首相を特使として送った。すると習近平主席はテーブル中央の上座に座る半面、特使を自分の部下と隣り合う席に座らせた。香港の代表が与えられる下座である。以降、韓国特使は香港代表並みに扱われることとなった。

２０１９年4月24日に訪中した安倍首相の特使、二階俊博幹事長は習近平主席と正対する席を用意されたので、韓国紙は改めて自身の属国扱いを嘆くことになった。

２０１７年12月の文在寅大統領の国賓訪中も、中国が韓国をしつける機会となった。空港への出迎えも従来の長官級から次官補級へと格下げした。

文在寅大統領は10回の食事のうち、中国側の招待を受けたのは2回だけ。8回は「独り飯」だった。大統領の同行記者2人が指示に従わなかったとして、中国の警備員10人から集団暴行されもした。

保守系紙を中心に韓国メディアは「属国扱いを容認する文在寅政権」を批判した。だが、文在寅大統領は12月15日の北京大学での講演で自らを卑下したうえ中国を世界の中心と称賛した。以下である。

・中国は単に中国だけではなく、周辺国と交わる時に輝く国家です。高い峰が周辺の多くの峰と合わさってさらに高くなるのと同じです。
・その意味で中国の夢が中国だけの夢ではなくアジアすべての、ひいては全人類が共に抱く夢になることを望みます。
・韓国も小さな国ですが、責任ある中堅国家としてその夢をともにすることでしょう。

「中国の夢」とは「中華民族の偉大な復興」を意味する。習近平主席はこれを掲げて不法な海洋進出を実行し、台湾支配を目論む。周辺国にすれば実に不気味なキャッチフレーズなのだが、韓国はこれに加わると宣言したのである。

「丙子胡乱」再び

文在寅政権の中国へのおもねりは口だけではなかった。朴槿恵政権末期に米軍が韓国に設置したTHAAD（地上配備型ミサイル迎撃システム）基地に対し、環境影響評価に時間がかかると称し任期の5年間というもの電力を供給しなかった。生活物資の搬入を妨害する「市民運動」も容認した。米軍は発電用の燃料に加え、食糧など生活物資をヘリコプターで運びこむ羽目に陥った。

THAADのレーダーは北朝鮮だけではなく中国の弾道ミサイルも追尾できると中国は主張、撤去を要求した。文在寅政権はその中国のごり押しにいとも簡単に屈したのである。

中国の圧力は続いた。2017年10月31日、中韓両国は「合意文」を発表し、①米国とMD（ミサイル防衛）は構築しない、②THAADの追加配備は認めない、③韓米日3国同盟は結ばない――の3点を約束した。いわゆる「3NO」である。

自国の防衛に制限を設けると約束する――。独立国家とは思えない約束だった。さすがに一部の保守系紙は厳しく批判した。だが、世論の大勢にはならなかった。中国の報復が恐ろしかったのである。

THAADの用地を提供したロッテ・グループに対しては中国が徹底的な嫌がらせをし、中核事業の1つだった中国での量販店チェーン事業を撤退に追い込んでもいた。

背景にあるのは「隣の大国である中国には絶対に逆らうな」との歴史的な刷り込みだ。ちなみに李氏朝鮮は清との戦いである丙子胡乱（1636－37年）で負けた後にも、城の修理には清の認可を得ると約束している。韓国人も「中国の言いなりになる」のはうれしくはないが、慣れてはいるのである。

21世紀に入った頃、韓国の指導層の1人に「なぜ、中国の言いなりになるのか」と聞いてみたことがある。答は「日本と異なり、中国との戦争で勝ったことがないから」だった。

米下院議長から逃げた尹錫悦

では、韓国の従中は「歴史」と「経済」だけが原因だろうか。それだけでは説明しきれない。米下院のN・ペロシ（Nancy Pelosi）議長が訪台し、その足で韓国に寄った2022年8月、尹錫悦大統領は夏休みと称して会談を拒否した。

保守系紙から批判されると、同じソウルに居ながら会わずに電話で会話した。親米路線への回帰をキャッチフレーズにした尹錫悦政権でさえ、中国への恐怖で金縛りとなったのだ。

もし、韓国人が自由や民主主義を必須と考えているなら、中国の台湾侵攻を牽制するために大統領とペロシ議長の面談の席を設けただろう。中国の勢力が拡大するほどに、世界から民主主義が後退するのは確実だからだ。

韓国の従中は「歴史」や「経済」に加え、民主主義への思いの浅さにも起因すると見るのが自然だ。第2章で指摘したように、韓国の民主化は反政府運動に参加する学生を平気で殺す政権への怒りと、先進国ブランド欲しさが動機だった。

台湾人のように自分の運命は自らが決めたいとの強い決意から民主化を実現したわけではない。韓国人はとりあえず強権的な政権を倒せばよかったのだ。

ロシアのウクライナ侵略に対する弱腰も「従中」と同根だ。侵略が始まった際、韓国ではウクライナを助けようとの声は起きなかった。それどころか自国企業の利益を気にかけ、保守も左派も対ロ経済制裁に消極的だった。この時も韓国の民主主義の底の浅さが思わず顔をのぞかせたのである。

経済面で中国に逆らえなくなるほどに深入りしたのも、そもそも中国に対する警戒感が薄かったためだ。日本や台湾が自由や民主主義とはほど遠い中国とは、経済面でも一線を引いて付き合って来たのと対照的である。

「底の浅さ」が生む「従中」

韓国の底の浅い民主主義が生む従中。逆に、従中の度が進むほどに韓国の民主主義が後退する可能性も高い。韓国の内政は周辺環境からの影響を大きく受けるからである。

軍事独裁と称された韓国の権威主義的な政権が民主化に踏み切ったのも、米国側の国だったからの話である。米国は韓国に対し陰に陽に圧力をかけ、1987年6月の民主化宣言を引き出した。

中国側の国、北朝鮮がいまだに近代以前の独裁体制であることを考えれば、属す世界が朝鮮半島の国の政治体制を決めていることがよく分かる。

文在寅政権は巨大な風船を使って北朝鮮にビラを飛ばす行為を法律で禁止した。米政府は「言論の自由の侵害」と非難し、尹錫悦政権になって憲法裁判所がビラ飛ばしを合法と認めた。

米国の非難がなければ合法化されなかったと見る韓国人が多い。依然として、韓国の自由と民主主義への動力は米国から供給されているのである。

図表11　**韓国の歴代政権の外交姿勢**（　）内は在任期間

李承晩（1948〜1960年）	親　米
朴正熙（1963〜1979年）	親　米
全斗煥（1980〜1988年）	親　米
盧泰愚（1988〜1993年）	親　米
金泳三（1993〜1998年）	離米従中
金大中（1998〜2003年）	離米親北
盧武鉉（2003〜2008年）	反米親北
李明博（2008〜2013年）	親　米
朴槿恵（2013〜2017年）	離米従中
文在寅（2017〜2022年）	反米親北
尹錫悦（2022年〜）	親米反北

3　中国の台頭に思考停止

政権が変わるたびに米中の間を右往左往する韓国。いったい、どちらの側に落ち着くのだろうか。そもそも、落ち着く日が来るのだろうか。

韓国車を締め出す中国

「図表11　韓国の歴代政権の外交姿勢」を見れば、1987年の民主化以降、韓国外交の根本姿勢がいかに揺れ続けてきたかがよく分かる。もちろん、これは国益を大いに毀損した。

親米政権になっても米国から同盟国にふさ

わしい待遇は与えられない。「いずれ反米政権に代わる」と見なされるからである。一方、反米政権になったからといって、中国から大事にされるわけではない。米国の後ろ盾がない分いじめやすいと見なされる。中国は「こちら側に来るというなら、完全に来い。二股は許さない」と脅すのである。

後者の典型は文在寅政権で、前節で詳述した。中国は在韓米軍のTHAADが自国の安全保障を毀損すると言いがかりを付け、これを踏み絵に米国との決別を迫ったのだ。

中国のいじめは経済にも及んだ。中国政府はロッテ・グループに加え、現代自動車も自国市場からの締め出しにかかった。不買運動の標的となった現代自動車の中国での販売台数は2016年の113万台をピークに2023年には24万台と激減した。

最盛期には5カ所にあった中国工場のうち、2023年末までに2工場を売却する羽目に陥った。現代自動車は中国メーカーからの生産受託により残り3工場の維持を目指すが、成功の保証はない。

Quad参加はお断り

前者は尹錫悦政権が典型である。尹錫悦政権はQuad（日米豪印戦略対話）やAU

KUS（米英豪の安全保障の枠組み）への参加を希望する。米国との撚《よ》りを戻したと国民に示す証拠が欲しいのだ。

だが、米国はいずれも容易に許さない。反米政権が登場すれば、QuadやAUKUSを通じ中国に機密が漏洩する可能性が大きい。そもそも、親米を唱える政権でさえ中国の顔色を見るのだ。

尹錫悦政権は日米に歩調を合わせたフリをして「インド太平洋戦略」を発表した。だが、日米の「自由で開かれた」ではなく「自由、平和、繁栄」を目標に掲げた。「開かれた」と言えば、中国の海洋進出を非難したことになるからだ。

2022年10月31日、国連総会第3委員会が中国・新疆ウイグル自治区での人権弾圧に対する非難声明を発表した。米国、英国、日本、豪州など自由民主主義陣営の50カ国が名を連ねたが、尹錫悦政権の韓国は加わらなかった。

米国はそんな韓国を中国封じ込めチームに安易に入れはしない。2024年4月10日の日米首脳会談で米国は日本にAUKUSへの参加を求めた。原子力潜水艦を除く先端技術の共有が目的だ。だが、韓国には声をかけなかった。

直後の同年5月1日、韓国は豪州との外務・防衛担当閣僚協議（2プラス2）の場で

QuadとAUKUSへの参加希望を表明した。日本の動きを見て、米国に寄るフリをしたのだ。

豪州は明確な支持を表明しなかった。米国務省もVOAを通じ「インド太平洋の安全保障に関し、韓国とは多様な方式で協力している」と答えるに留まった。米豪は韓国を信用していないのである。

AUKUSはもともと、豪州への原潜技術の供与を目的に設立された組織である。韓国は保守、左派問わず原潜の保有に執心しており、米国に技術供与を求めては拒否されてきた。原潜の保有は核武装の第一歩であり、AUKUSへの参加表明にはその狙いもあるだろう。

いずれにせよ、露骨なコウモリ外交のために韓国は米国から2線級の同盟国として扱われるようになったのである。

米韓同盟はいずれ消滅

国を危うくするほどの外交的な失策を韓国が犯したのはなぜか。米中対立がこれほど激しくなると予想しなかったためだ。対立したとしても小競り合い程度であり、むしろ、韓国を自分の陣営に引き込もうとする米中双方から大事にされる――と見誤ったのだ。

朴槿恵政権の初期、「米中双方から求愛される我が国」との自画像を前提にした記事が韓国各紙の定番だった。中央日報の李夏慶（イ・ハギョン）論説主幹は「朴槿恵、強大国にだけぶら下がれば失敗する」（２０１４年7月16日）で以下のように書いた。

・朝鮮半島の戦略的な価値が上がることで、韓国の人気はとどまるところを知らない。米国と中国からのラブコールに、笑いをかみ殺すのが大変だ。

・韓国のことが大好きな同盟国、米国のオバマ大統領は４回もやって来た。韓中関係も習近平主席が訪れ、「成熟した戦略的な協力同伴者関係」に格上げされた。

米中双方から求愛されるほどに外交的な立場が向上した今、北朝鮮との関係改善に乗り出そう――と主張する記事だった。だが、「笑いをかみ殺すのが大変」と勘違いできたのは政権の初期だけだった。

米中対立は次第に激化し、米韓同盟の存続さえ揺るがし始めた。米国は敵か味方かの峻別に乗り出した。韓国が中国を仮想敵と見なさないというなら、米韓に共通の敵は存在しなくなる。

韓国の保守政権は中国ではなく北朝鮮を米韓共通の敵に定めようとする。だが、北朝鮮は米国にとって主敵ではなく、状況によっては自陣営に取り込める潜在友好国である。共通の敵を持たない同盟は長続きしない。経済面でも韓国は米国よりも中国に近い。自由と民主主義という共通の価値観で米韓が結ばれているかも怪しい。中国の影響力が強大になることに危機感を持つほど、韓国に民主主義は根付いていない。

2013年、筆者はアジアに詳しい米国の安保専門家から「米韓同盟はあと何年持つか分からない」と聞かされた。朴槿恵政権だけではない。韓国人の多くがコウモリであることに、この時点で米国も気付いていたのである。

2018年11月26日、H・ハリス（Harry Harris）駐韓米国大使が韓国のある授賞式で講演し「我々の同盟は強固に維持されているが、当然視してはならない」と述べた、と月刊朝鮮が翌日の電子版で報じた。米国大使が公開の場で米韓同盟消滅の可能性を口にし、韓国人に警告を発したのである。

地政学が嫌いな韓国人

ではなぜ、韓国人は米中対立の激化を予想できなかったのだろうか。できなかったのではない。韓国人は対立激化により米中板挟みに陥る暗い未来を想像したくなかったのだ。

２００８年、韓国の保守系紙の政治記者と米中対立を議論した際、筆者が「海洋勢力」「大陸勢力」という単語を使った。すると、異様な反応が返ってきた。「海洋勢力」といった地政学的な言葉使い自体が危険でありアジアの平和を脅かす、というのである。

当時、欧米のアジア専門家の間では「米中対決」を予想する人が急速に増えていた。大国同士は覇権を求め戦う運命にあると説いた『The Tragedy of Great Power Politics』（邦題『大国政治の悲劇　米中は必ず衝突する！』）が２００１年に出版された。書いたのは現実主義の国際政治学者、Ｊ・ミアシャイマー（John Mearsheimer）シカゴ大学教授である。

中国経済が急速に拡大するとの認識が広まると、この本はアジア専門家の必読の書となり、欧米では「海洋勢力vs.大陸勢力」を前提に議論するのが普通になった。世界は少なくとも認識のうえでは地政学の時代に突入していたのだ。

というのに、この韓国記者は地政学を危険な発想と非難したのだ。驚いた筆者は韓国のある安保専門家に「なぜ、韓国人は地政学を嫌うのだろうか」と聞いてみた。答は簡単だった。「地政学とは海洋勢力と大陸勢力が戦い、その間でウロウロする半島が戦争の舞台になる、と主張する学問だ。半島の人間が好むはずがない」。

ミアシャイマー教授に反発

その思いをはっきりと活字化した韓国人もいる。朝鮮日報の李河遠（イ・ハウォン）政治部次長だ。2011年11月1日付の「【朝鮮デスク】崩壊した地政学の固定概念」で次のように書いた。

・少し前に訪韓した米シカゴ大学のジョン・ミアシャイマー教授はメディアとのインタビューで「全世界で地政学的にもっとも不利な位置にある国が韓国とポーランド」としたが、その発言はいまや修正されねばならぬ。

・時代を見渡す指導者と正しい戦略さえあれば、我々の地政学的な位置はいくらでも長所になりえるとの自信を持つ価値がある。

「ミアシャイマー教授は間違っている」と断じた李河遠記者が根拠に挙げたのは「韓国主導で韓中日３国協力事務局がソウルに設置された」というはなはだ頼りない事実だった。要は、韓国が不安定な位置にある、と言われたのが面白くなかったのである。

記事の載った6年半後、論説委員になっていた李河遠氏はミアシャイマー教授にインタビューした。この際、李河遠氏は「世界で地政学的にもっとも不利な国として韓国とポーランドを挙げている。韓国の生存戦略は？」と、反感のかけらも見せずに聞いている。

韓国は米中板挟みに陥り、ミアシャイマー教授の指摘そのままに地政学的な不安定さを露呈していた。李河遠氏もその現実を認めざるを得なくなったのである。「【論説室のニュース解読】『文大統領の米朝仲介戦略は賢明…ハッピー・エンドは期待薄』」（２０１８年３月22日）で読める。

先を考えても意味がない

それにしてもなぜ、21世紀初頭の韓国人は現実を直視しなかったのだろうか。いくら不都合といっても、外界の変化を認識しなければ国を誤ってしまう。それは韓国人が一番分かっていたはずだ。

19世紀に西洋のアジア侵略が始まった時、自分の弱さに気付いた日本人は国を開いて政治制度や先端技術を導入し、一等国に仲間入りした。一方、自分の力も世界の大勢も見誤った韓国人は鎖国を続け、日本の植民地に転落した……とは、韓国人からしばしば聞かされる嘆きである。

実は21世紀になる頃、この疑問の解明につながる体験をした。アジア各国の指導層の人々に「台頭する中国とどう向き合うか」を聞いて歩いた時のことだ。アジア人の答えは「中国との関係を強化する」「米中間でバランスをとる」などと様々で、それぞれの国の立ち位置がよく分かった。

しかし、韓国人だけは完全に異なった。異口同音に「考えてもしょうがない」と言うのだ。話を聞くほどに、韓国人の絶望感の深さに改めて思い至った。

三国時代の昔から大国に小突き回されてきた人たち。国際環境の激変に直面しても、自らの運命はどうせ他人が決めるのだから、と思考停止に陥ってしまうのである。

タイ人は日本人と同様に西洋のアジア侵略の際にも知恵を働かせ、国民が団結して独立を保った歴史を持つ。タイ以外の東南アジアの人々も西欧から独立した後は自分で自分の歩く道を決めてきた。台湾人の主なルーツは大陸だ。自分の手で運命を切り拓くのは当然と考えるのが中国人である。

韓国も１９４８年の独立により、千数百年ぶりに中国や日本の属国を脱した。しかし、2年後の１９５０年には朝鮮戦争が勃発、国家消滅の危機に瀕した。米国の軍事介入でかろうじて生き残ったが、その後の米ソ冷戦下で否応なしに西側に組み込まれた。韓国に「自決」の歴史はないのである。

自分の手で運命を切り拓いた経験と自信のない韓国人が、国の針路を真剣に考えようとしないのは無理からぬことなのだろう。

覚悟を呼びかけない指導層

国の行く末を考えない韓国人——と言ったら、韓国人からは猛烈に反論されるだろう。確かに、韓国紙は毎日のように「米国との同盟を強化すべきである」「中国との関係も重視すべきである」といった識者の論説を載せている。

だが、いずれも観念的な「すべき」論ばかりだ。目を皿のようにして探しても、「覚悟」を説く論説にはお目にかかったことがない。

「米国に身を寄せれば当然、中国が殴ってくる。その覚悟を固めてつき進もう」と国民に呼びかける識者は皆無である。「中国に殴られる」と書いた瞬間、親米論は国民の支持を失うからである。

反対に「中国との関係を深めよう」と主張する識者は、決して米国からの報復に言及しない。ＩＭＦ危機が金泳三政権の従中への意趣返しにより起きたことは、未だに韓国では語られないのである。

二股外交にさえ覚悟がいる。それも外交戦術の一つなのだが、国民が副作用を覚悟しておかない限り動揺し「二股」どころか「右往左往」外交に陥ってしまう。

現に韓国は米中双方からまともな国扱いされなくなった。「親米」「親中」「二股」の副作用を議論していないから、いずれへの心構えも備えもない。結果、政権が変わるたびに中国に寄ったり、米国に戻ったりのコウモリ外交に堕ちたのだ。

もっとも、朴槿恵政権初期に「二股」を唱えた識者も、「米中双方からのラブコール」を喧伝した識者も、自分の書いた記事はすっかり忘れて、新たな観念論を主張している。無責任極まりないのだが彼ら個人というよりも、観念論を尊ぶ社会の問題なのであろう。

感情のまま動く

国民も覚悟を嫌うし、指導層も覚悟を呼びかけない。こうなると、韓国は感情のまま動くしかない。

注目すべきは、突然の核武装である。中国からはいじめられ、米国からは大事にされなくなった。そのうえ北朝鮮からの核の脅威は増す一方だ。韓国人が国家の尊厳を維持するには核武装しかない、と思い詰める可能性が高い。

韓国人に核への拒否感は皆無だ。意識調査をすれば国民の3分の2が核武装に賛成である。ここが日本人と根本的に異なる。韓国では大した決意や覚悟なくして核武装が可能であることを見落とすべきではない。

そもそも、韓国人は決定的な局面で米国に裏切られた、という集団の記憶を持つ。1905年の桂・タフト協定である。この協定により日米両国は米国によるフィリピン統治と、日本の韓国に対する保護・監督権を相互に承認した。

1882年の米朝修好通商条約で米国から保護の約束を取り付けたと信じていた当時の李氏朝鮮の人々にとって、大いなる裏切りだった。

今も米国への不信感が高まった時に、韓国紙には必ずといっていいほどに、裏切られた記憶「桂・タフト協定」が登場する。韓国の核武装を米国が阻止できるとは限らないのである。

第4章　日本との関係を悪化させたい

1　日本を見下し「独立」を実感

「反日」という単語を使うと韓国人が怒るようになった。それは日本に対する劣等感の現れ、とようやく気付いたのだ。ちなみに21世紀の韓国人が日本に仕掛けるのは、上から目線の「卑日」である。

下から目線の甘え

20世紀終わり頃までの韓国の「反日」は幼児が母親に駄々をこねるようなところがあった。おカネや技術が欲しい時には屁理屈をこねて日本に要求する。相手にされないと「馬鹿にされた」とすねる。

あるいは政権が窮地に陥った時、反日ムードを盛り上げて国民の目をそらす。理由には日本の政治家の発言などを手当たり次第に使う。レームダック化した盧泰愚政権の高官から「何でもいいから、反日の材料はないか」と相談されたこともある。

反日の動機は様々だが、日本は宗主国だったのだから政権維持に協力してくれて当然——との思いは共通していた。要は「下から目線」の甘えた行動だったのだ。

21世紀に入ってから韓国の対日姿勢は明らかに変わった。「反日」というより「卑日」と呼ぶ方が正確だ。日本を貶めることにより「韓国の方が上」と確認し合う国民的な行事となったからだ。「図表12　歴代政権の『卑日』年表」を見ればそれが分かる。

下から目線の「反日」と対照的に、「卑日」は上から目線が特徴である。20世紀までの行動と十把ひとからげにして「反日」と見なされがちだが、動機はまったく異なるのだ。

「卑日」の創始者は李明博

「卑日」の創始者は李明博大統領だ。就任直前には「成熟した韓日関係のために謝罪は求めない」と発言していた。しかし、日本が衰退期に入ったと見てとるや、態度をガラりと変えて日本を貶める作戦に出た。

対日攻撃の武器は「慰安婦」だった。２０１１年12月18日の日韓首脳会談で野田佳彦首相に対し1時間にわたり執拗に「慰安婦問題の解決」を要求し続けた。

残りの任期が半年に迫った２０１２年８月10日、李明博大統領は禁じ手とされた竹島上陸を敢行、日本との対立を決定的なものにした。

慰安婦問題の解決要求は憲法裁判所の違憲決定に対応したものであり、竹島上陸は「請求権協定で解決済み」と取り合わない日本への反発から、と韓国側は説明した。

だが、李明博大統領が上陸３日後の８月13日に語った「日本に以前のような国際社会での影響力はない」との発言や、同月14日の天皇への謝罪要求からして「落ち目の日本には何をやっても反撃されない」との空気が背景にあったことは間違いない。

日韓首脳会談の２カ月前の２０１１年10月、筆者は「慰安婦攻撃」に接した。香港で開かれたシンポジウムで韓国の外交官が突然「日本は慰安婦問題で謝罪していない」と言い出したのである。

話の脈絡とは関係なく語ったので、韓国政府が計画した宣伝戦であることが容易に知れた。謝罪が本物かどうかは韓国側が決めることにし「いつまでたっても謝罪しない日

2015年 4月29日	安倍首相の米議会演説。国を挙げて演説阻止に動く
9月 3日	大統領、北京での抗日戦勝70年記念式典に参加
12月28日	慰安婦合意。合意を直ちに破り慰安婦像を放置
2016年 6月	旭日旗を掲げた自衛隊艦艇の済州島への寄港を拒否
● 文在寅（2017年5月10日－2022年5月9日）	
2017年 8月12日	初の徴用工像がソウル・竜山駅前に設置
8月21日	大統領、最高裁長官に金命洙・春川地裁所長を指名
2018年10月11日	国際観艦式に参加の自衛隊艦艇に旭日旗の掲揚を禁止、日本は派遣取りやめ
10月27日	「徴用工」裁判を遅延させた罪で元判事を逮捕
10月30日	最高裁、「徴用工」裁判で新日鉄住金に賠償命じる
11月21日	慰安婦財団解散を一方的に発表、正式解散は2019年7月3日
12月20日	韓国艦艇、海自の哨戒機に射撃管制用レーダーを照射
2019年 2月11日	「徴用工」裁判に介入した罪で梁承泰・前最高裁長官を起訴
7月	日本の輸出管理厳格化に対抗、日本製品の不買運動開始
8月23日	GSOMIA破棄を日本に通告
● 尹錫悦（2022年5月10日－）	
2023年12月11日	「徴用工」判決で賠償派の判事が最高裁長官に就任
12月21日	最高裁、日本製鉄などの上告を棄却、賠償が確定
2024年 2月20日	最高裁、日立造船の供託金を原告に渡す

図表12　歴代政権の「卑日」年表

● 盧武鉉（2003年2月25日 - 2008年2月24日）	
2005年 3月 1日	「3・1節」演説で大統領が「過去の真実を究明」と対日強硬路線を宣言
10月	米韓定例安保協議会で大統領が「日本を仮想敵国に定めよう」と提案
2006年 4月	「中間地帯」に入った海上保安庁の測量船に対し、大統領が「体当たりして押し返せ」と指示
● 李明博（2008年2月25日 - 2013年2月24日）	
2011年 8月30日	慰安婦の賠償請求権の有無の問題を日本と交渉しない政府の不作為は違憲と憲法裁判所が決定
12月14日	ソウルの日本大使館前に慰安婦像が設置されるも放置
12月18日	大統領、日韓首脳会談で野田首相に「慰安婦問題を解決せよ」と迫る
2012年 5月24日	最高裁、高裁の「徴用工への賠償不可」判決を差し戻し
8月10日	大統領が竹島上陸
8月13日	大統領が「日本の影響力は以前のようでない」と発言
8月14日	大統領が天皇に謝罪を要求
8月23日	野田首相が大統領に送った親書の受け取りを拒否
2013年 1月 3日	ソウル高裁、靖国神社放火容疑の中国人の日本引き渡しを拒否
● 朴槿恵（2013年2月25日 - 2017年3月10日） 就任以来、世界各国で日本を貶める告げ口外交を展開、首脳会談も拒否	
2013年 2月26日	大田地裁、日本から盗難の仏像返還を認めず
9月 9日	2011年3月の福島原発事故を名分に福島など8県の水産物を輸入禁止。東京五輪の開催決定は韓国時間9月8日
2014年 3月23日	大統領、習近平主席と歴史問題での対日共闘を確認

本」と決め付ける作戦である。

今から考えれば、日韓首脳会談での「慰安婦攻撃」の前触れだった。その後、「韓国が納得するまで日本は謝罪すべきだ」と韓国紙に語る日本の政治家も出てきたので、「慰安婦」は韓国にとって手放せない貴重な外交カードとなった。

二度と立ち上がれない日本

李明博政権が「卑日」外交を始めたのは、日本の凋落を実感させる事件が相次いでいたからだ。２００９年8月30日の総選挙で誕生した日本の民主党政権は、沖縄の米軍基地を巡り米国との関係を極度に悪化させた。

李明博政権はすかさず在日米軍基地の済州島への移転を提案し「アジアで一番頼りになる韓国」を米国に売り込んだ。米国もこれに応えた。２０１０年11月、韓国にG20首脳会合を主催させ、アジア初開催の名誉を与えた。日本の２０１９年6月開催に9年も先立つもので、李明博政権は「日本に勝った」と国民に誇った。

２０１０年頃から日本の電機大手8社の利益を全て足し合わせてもサムスン電子１社に及ばないことが日韓両国で話題になった。同年、日本のＧＤＰは中国に抜かれ世界３

位となった。韓国も1人当たりのGDPで追いすがり、OECD集計では2020年に購買力平価ベースで日本を追い越した。

2011年3月11日の東日本大震災の際は、福島の原発事故であたふたとする菅直人政権の無能ぶりが韓国でも大きく報じられ、「二度と立ち上がれない日本」が韓国人の常識となった。

日本叩きはサーカス

「卑日」外交の危うさを説く韓国の専門家も少数だがいた。朝鮮日報で東京特派員も経験した朴正薫論説委員である。

李明博大統領の竹島上陸から2年9カ月後の2015年5月8日、「【朴正薫コラム】『パンとサーカス』の自殺コース」を書いた。日韓関係の悪化を警告する記事で、韓国紙としては珍しく自国側の問題も指摘した。

この記事で朴正薫氏は韓国の外交的孤立に言及した。だが当時はまだ、ほとんどの韓国メディアが「米中を操り、日本を叩く天才的外交の朴槿恵」と褒めそやし、国民もそれに酔っていた。

・現在、我々を苦しめる外交的孤立のジレンマは相当部分、我々が招いたものである。主犯はもちろん安倍の右傾化暴走だが、それに翼を与えたのは我々だ。
・政治権力と外交マフィアらが「外交」の代わりに、反日ポピュリズムという「国内政治」をした結果、自縄自縛に陥ったのだ。その端緒が2012年の李明博大統領の突然の対日強硬策であったことに異見をはさむ専門家はほとんどいない。
・日本に融和的だった李大統領は任期の最後の年に「静かな外交」を捨て去り、独島訪問を強行した。「日本の国力は昔のようではない」との非外交的発言まで繰り出した。
・格好いい「日本への訓戒」パフォーマンスのおかげで支持率が上がり、大統領は快哉を叫んだことだろう。

人気取りのために反日を使うな、と訴えたのだ。見出しの「サーカス」とはローマ帝国が民衆の支持を得るために提供した見世物を指す。現代の韓国の対日攻撃は、それと同様に政権が国民に与える余興と断じたのである。

朴正薫氏は竹島上陸を「日本への訓戒」と評した。「反日」という単語を使ってもいるが、明らかに日本に対する上から目線の行動――「卑日」と見なしたのだ。

竹島上陸から3年近くもたって前政権の「卑日」に警告を発したのは、次の朴槿恵政権もそれを引き継いでいたからだ。もっとも朴正薫論説委員の警告は完全に無視され朴槿恵政権も、その次の文在寅政権も「卑日」を常套手段に採用した。

日本には何をしてもいい

「卑日」が定着したのは2つの理由からだ。まずは、国民からの強い支持だ。韓国は1945年に日本の植民地から脱した。というのに、1965年の国交正常化により再び日本の影響下に入った。

日本からの経済援助と技術協力があって、初めて北朝鮮に対抗する国力を育てることができたからである。だが同時に、独立した後も日本の鼻息を窺わざるを得ない――との鬱屈を韓国人に抱かせた。

これが反日の原動力となった。韓国に先立ち、日本の植民地に組み込まれた台湾を補助線に引けば理解しやすい。独立後、「日本に借りのない」台湾人は、韓国人と比べはるかに良好な対日観を持つ。

もっとも韓国の国力は飛躍的に伸長し、21世紀には日本に対し何の気兼ねの必要もなくなった。そこで李明博以降の政権は上から目線の「卑日」を展開、国民に「本当の独立」を実感させたのである。

1910年の日韓併合以来、韓国人は「我々は日本人と比べ劣っている」と思い込んでいた。為政者には国民の根深い劣等感を解いてやることも必要なのだろう。

国民も呼応した。2011年9月27日、サッカーの日韓戦で韓国のサポーターが「日本の大地震をお祝い《マ》ます《マ》」との横断幕を掲げた。政府が「卑日」を掲げるや否や、ともに快哉を叫んだのだ。

2018年12月20日、韓国海軍の艦艇が日本の哨戒機に射撃管制用レーダーを照射したのも「日本には何をやってもいい」という気分が背景にあった。「上」なら「下」に何をしてもいい、との発想が韓国社会には根強い。

日本を仮想敵に据えた盧武鉉

「卑日」政策のもう1つの理由は、米中対立である。21世紀に入ると米国は同盟国である韓国に対し、中国包囲網に入れと要求し始めた。

だが、韓国人に中国と対決する覚悟はない。そこで「日本との関係が悪いので韓米日の軍事協力に参加できない」との屁理屈をこねて中国包囲網入りを拒否したのである。

最初に米中対立に直面したのは盧武鉉政権だった。米国は米韓同盟の目的を北朝鮮抑止から対中包囲網の一環と捉え直し、台湾有事の際は在韓米軍を転用する姿勢を打ち出した。

焦った盧武鉉政権は発足後2年たった2005年、対日強硬路線に転換した。日韓関係を悪化させることで中国包囲網の結成を邪魔したのである。

盧武鉉大統領はまず、同年3月1日の演説で「過去の真実を究明する」と反日を鮮明にした。さらに「日本仮想敵論」という奇手まで使った。同年10月、大統領自身が米政府高官に「韓米同盟の仮想敵を日本に定めよう」と持ちかけたのである。

米国や日本は盧武鉉大統領の異常さを象徴する出来事として受け止めた。だが、ピンボケを装いながら対中包囲網を壊す、狡猾な発言だった。「日本仮想敵論」に米国が賛成することはあり得ないが、「対中包囲網には参加しない」との意思は米国に伝えることができたのである。

盧武鉉政権が外交カードに「慰安婦」を使わなかったのは、元慰安婦救済のためのアジア女性基金が1995年に設立されたばかりで、言い訳としては弱いと判断したからであろう。

「日本仮想敵論」は卑日と呼ぶほどに上から目線ではないにしろ、それまでの下から目線の反日でもない。盧武鉉時代は「反日」から「卑日」への過渡期だったといえる。

バイデンに見抜かれた言い訳

盧武鉉政権に続く李明博政権は親米を売りにした。沖縄の米軍基地を済州島に誘致しようとしたほどだったので、米中対立に頭を悩ませることはなかった。卑日の創始者ではあるが、米中板挟みから逃れようとの動機はなかった。単に国民の支持が欲しかっただけだ。

李明博政権に続く保守の朴槿恵政権も、左派の文在寅政権も盧武鉉政権と同様に「中国包囲網」に入るつもりはなかった。そこで日本との関係悪化を図った。

朴槿恵政権は李明博政権と同様に「慰安婦カード」を切った。日米韓の軍事協力を迫る米国に対し「慰安婦問題の解決に応じない日本とは協力できない」との詭弁である。

もっとも、米国はこの詭弁を見抜いていた。2013年12月6日、副大統領だったJ・バイデン（Joe Biden）氏はソウルで朴槿恵大統領と会談した際、韓国の記者を横に置いて「米国の反対側に賭けるな。米国は韓国に賭け続ける」と語った。バイデン発言の原文は以下の通りだ。

・It has never been a good bet to bet against America. And America is going to continue to place its bet on South Korea.

韓国の大統領だけでなく国民に対しても「日本のせいで軍事協力ができないなんて嘘だろ。本当は中国が怖いんだろ」と図星を突いたのである。

結局、米国の圧力に屈した朴槿恵政権は2015年12月28日に日本と慰安婦合意を結ばされた。これにより日米韓の軍事協力に反対する名分を失った韓国は、2016年11月23日、拒絶していたGSOMIA（軍事情報包括保護協定）を日本と結ぶ羽目に陥った。

次の文在寅政権は慰安婦合意を破棄した。ただ、それだけでは弱いと判断したのだろう。「徴用工」を新たなカードに仕立てあげ、日本との関係悪化を画策した。

文在寅政権は最高裁長官に左派を登用した。政権の意を汲んだ最高裁は、朴槿恵政権時代に宙に浮いていた「徴用工」裁判を再開し日本企業に賠償金を支払うよう命じた。

これに対し安倍政権は半導体素材3品目の輸出管理厳格化で対抗した。韓国政府が日本製素材の不正な横流しを見逃していたことを突き、対韓輸出に一定のハードルを設けたのである。

文在寅政権はGSOMIA破棄を日本に通告し、米国を味方につけようとした。だが、米国も「反米親北」の文在寅政権には警戒感を抱いていたので失敗した。

そもそも韓国企業による半導体素材の横流しは、米国の情報機関が発見して日本政府に改善を求めたとの見方が有力だ。

「反日」と呼ぶな

反日から卑日へ――。韓国人の日本に対する意識と外交姿勢は劇的に変わった。だが、日本人はそれに気付かず、韓国を「反日国家」と見なし続けた。そのうち韓国人が「反日と呼ぶな。もう、下ではない」と怒りだすだろうなと見ていたら、やはりそうなった。

ハンギョレのチョ・ギウォン東京特派員が書いた「【特派員コラム】『反日』について」（2017年5月25日）がそれだ。文在寅政権を「反日」と決め付ける日本人を批判した記事だが、「反日」という言葉を使うこと自体も非難したのである。

・「反日」という単語に抵抗感を感じる理由は、「反日」が日本に反対すること自体が悪いというニュアンスを漂わせるためだ。

韓国の反日とは劣等感に由来する子供のような行動だ——と日本人が見なしていることに憤慨したのである。予想されたことだったが、隔世の感もあった。

20世紀の終わり頃まで、韓国紙の東京特派員は「要求を聞いてくれないと、韓国は反日になりますよ」と平然と語っていた。日本が「上」で自分たちは「下」——を前提に「反日カード」を振り回していたのである。

ところが、21世紀の特派員は「韓国が下」を示唆する言説は許せなくなったのだ。ひょっとすると「下から目線の反日」が20年ほど前まで確固として存在していたことさえ知らないのかもしれない。

チョ・ギウォン特派員は日本人が「反日」という言葉を使うのがよほど不快なようで、2019年2月28日にも同じ趣旨の記事を載せている。「【特派員コラム】3・1運動と反日」である。

ハンギョレの国際部長で東京特派員を経験したキル・ユンヒョン氏はもっとはっきりと日本人の「上から目線」を糾弾した。2021年6月16日の「日本は『感情に流される国』になりたいのか」だ。

・韓国を扱う日本メディアの態度には、常に「上から目線」があると痛感する。「上から目線」とは、道徳性と実力で優位な立場に立つ者が自分より劣った者に教えようとするような態度を意味する。

・「韓国は常に感情に流される国」「自分がした約束を守らない国」「支持率回復のために反日感情に依存する国」といった報道をあふれさせ、それからしばらく経てば、今度は外交的努力を通じて両国はそろそろ関係を回復すべきだとする社説での口出しが相次ぐ。

韓国人は政権維持のために反日を使い、反日を掲げて平気で約束を破る感情的な人々——と日本人は見下す。日韓関係を長く担当したキル・ユンヒョン氏は、韓国人は「下から目線の反日」などとっくに卒業している。それなのに日本人の認識は昔のまま。いつまで上から目線をつづけるつもりか、と抗議したかったのだろう。もっとも、韓国が「約束を守らない」「感情に流される」のは相変わらずなのだが。

劣等感由来の反日から卒業を

変化を自国側に求める韓国人もいる。韓国は日本より下の国ではなくなったのだから、劣等感由来の反日は卒業し、対等な国として日本と付き合おうではないか——との意見である。

朝鮮日報の成好哲（ソン・ホチョル）東京支局長の「【特派員レポート】日本と並んで歩む法」（2023年12月9日）が典型だ。

・1960年代に経済復興に乗り出した韓国はずっと「克日」を掲げ、日本の先進的な経済・産業・文化を学ぶ立場だった。「アジアの四竜」と自称したが、当時世界

2位の経済大国であった日本と比較するのも恥ずかしいのが現実だった。

・韓国財閥は日本の技術者を週末に工場に呼び寄せてはノウハウを聞きかじり、晩餐で饗応した。テレビ局のプロデューサーらは東京に行って旅館に泊まりひと晩中テレビだけ見て帰り、番組を作っていた時代だ。日本の歌を盗んだという韓国の人気曲の盗作論議はしばしば当たっていた。

・克日と呼ばれた時代は終わった。喜んでばかりはいられない。日本の背中だけ見て走れば万事OKという時代は終わったからだ。今や、日本と並んで歩む方法を自ら探さねばならない。尹錫悦大統領が今年に入って7回も岸田文雄総理と会ったのも、隣国、日本と対等に生きて行く道を探す過程なのかもしれない。

「克日」とは全斗煥政権時代に作られた言葉だ。日本に「反日」攻勢をかけるため国民を扇動したものの暴走し、反政府運動に飛び火しそうになった。そこで政権が収拾のために考え出した苦肉のキャッチフレーズだった。

「日本に勝つには日本との良好な関係が必要だ」との論理で暴走を抑えたのである。

「克日」は日本を敵対視するという点では「反日」の一種だが、「日本から学ぶべきところは学ぼう」という現実主義的な路線でもあった。

それは成功した。成好哲記者が率直に書いたように、当時の韓国産業界は「克日」を名分に、「反日」ムードを気にすることなく日本のノウハウを堂々と取り入れることができたのである。

LINEで墓穴

では今後、韓国は劣等感を捨て、日本と対等な関係を作って行くのだろうか。まだ、分からない。劣等感由来の「反日」が消滅するとしても、代わりに優越感由来の「卑日」が定着する可能性が高い。

現に、２０１０年代以降の韓国紙には「凋落して再起できない日本」を見下す記事が溢れている。儒教の影響からだろう、韓国人は人間関係、あるいは国家の関係を「上か下か」という発想で見がちである。

そもそも１００年以上にわたって韓国人の心に沁み込んだ劣等感を癒すには、相当の時間を必要とする。「対等」を主張する成好哲記者でさえ、いざとなると「下から目線の反日」に先祖返りしてしまうのだ。

LINEヤフーの情報流出問題で「韓国企業への行政指導は異様に厳しい」などと決め付け「日本政府による差別」と国民を扇動したのである。

「日本と並んで歩む法」が載って半年もたたない2024年4月25日の1面トップの記事「敵対国扱い…日本、韓国IT企業に『持ち分を売って出て行け』」である。

LINEヤフーの韓国側親会社であるネイバーの中国での情報流出や、日本政府の度重なる是正命令への無視などの事実には一切触れないバランスを大きく欠いた記事だった。

この歪曲が韓国を窮地に陥れた。日韓がこの記事をきっかけに対決すれば、韓国側が一方的に深手を負うことになるからだ。中国での情報流出が世界で有名になれば今後、ネイバーの西側での事業展開に支障が出るのは確実だ。ネイバーへの監督を怠ってきた韓国政府も米国から「裏で中国とつながっている」と疑われるだろう。

他紙がこぞって国益を害する記事と指摘したため、朝鮮日報は編集幹部が事実上の訂正記事を書くことになった。

韓国の記者にとって「反日」は依然、貴重なネタであり、新聞社にとっても重要な経営資源ということを如実に示した事件だった。卑日に転じても心の奥底の反日は残る。

反日からの卒業は口で言うほどに容易ではないのだ。

反日に先祖返り？

精神面だけではない。その根にある経済もそうだ。「対等」は国力差の消滅が前提だ。だが、第１章で指摘したように今後、少子高齢化によって韓国経済は日本よりもはるかに速い速度で縮んでいく可能性が高い。

再び「経済面でも下」の現実に直面した時、韓国人は昔ながらの「下から目線の反日」に戻るのだろうか。それとも、いったんは追いつきそうになったものの失敗した悔しさから、もっと陰湿な反日に転じるのだろうか。

克日の間は——坂の上の雲を見上げながら歩む時は、真摯なところもある。だが建国以来、初めて下り坂を経験する韓国人の心境は予測が難しい。

2　植民地になったことなどなかった

日本と韓国の関係が良くなることはまず、ないであろう。21世紀の韓国人は「日本の植民地になったことはなかった」と思いたくなり、日本人にも認めさせようとさまざまの罠を仕掛けるからだ。韓国の政権が左派であろうと保守であろうと、それは変わらない。

「日本が勝てば加州知事」

ソウル五輪（1988年）頃までに韓国に住んだ日本人は皆、似た体験をした。酒席などで、大日本帝国陸軍の下士官だったという韓国人から「日本が米国に勝っていたら、自分はカリフォルニアの郡長ぐらいにはなっていた」と言われるのである。もう少し大きく出る人は「郡長」ではなく「知事」だった。

もちろん、この人たちが日本の植民地支配がよかったと思っていたわけでは決してない。だが、自分たちが日本人だった事実は受け入れていた。

久しぶりに日本人と会って青春時代を懐かしく思い出した、といった感じであった。あるいは国籍とは関係なく、「若造」に戦争体験を誇りたかったのかもしれない。いずれにせよ、朝鮮半島が大日本帝国の一部だったことが前提の話だった。

それが今や、韓国人は口をそろえて「植民地になったことはなかった」と言い出した。厳密に言えば「１９１０年から１９４５年までの日本による統治は不法だった」との主張である。

「徴用工」裁判がその象徴だ。２０１８年10月30日の韓国・最高裁判所判決は一部の人が誤解しているように「賃金の未払い」問題を扱ったものではない。「不法な植民地支配の下、日本企業で過酷な労働に従事させられた精神的苦痛に対する慰謝料を支払え」が判決骨子である。

もし、被告の日本企業が慰謝料を支払えば「不法な植民地支配」を認めたことになる。これで風穴をあけ、次は日本政府に「不法な植民地支配」を認めさせるのが韓国の作戦だ。

日本政府は国交正常化の際などに植民地支配を謝っているが、法的には正規の手続きを経た併合だったとの立場を守っている。これを突き崩すため韓国人は国を挙げて日本に揺さぶりをかけているのだ。

ただ、「徴用工」裁判は朴槿恵政権下では止まっていた。最高裁が「植民地支配は不法」と判決を下し、それを日本が認めれば国交正常化当時の朴正煕政権は外交努力を尽くさなかったことになってしまう。朴槿恵大統領とすれば、父親の業績に傷を付けるリスクは避けたかったのであろう。

約束破りを見越す

もちろん、次の文在寅政権にそんな懸念はなかった。それどころか朴正煕大統領が象徴する保守を貶めるためにも、日本との関係を悪化させるためにも裁判所に日本を攻撃させる必要があった。

就任3カ月後には左派の金命洙（キン・ミョンス）春川地裁所長を最高裁長官に任命した。最高裁判事を経験せずに長官に就任する異例の人事だった。「徴用工」裁判をさっそく再開した最高裁は2018年10月30日、新日鉄住金に慰謝料を支払うよう命じた。

日本政府は1965年の国交正常化の際に交わした請求権協定に違反すると強く反発、「国際法の違法状態を是正するよう」求めた。同協定第2条では「請求権に関する問題が（中略）完全かつ最終的に解決されたこととなることを確認する」とあるからだ。そのうえ「締約国及びその国民（中略）すべての請求権であって同日［署名日］以前に生じた事由に基づくものに関しては、いかなる主張もすることができないものとする」と念を押してある。

交渉当時の外務省幹部によると当初、日本側は個人に対して支払う方式を提案した。だが開発資金への転用を狙った韓国側が、政府が一括して受け取りたいと希望した。結局、日本は韓国の事情を汲んで受け入れたが、個人が「自分は貰っていない」と蒸し返すことが十分に予想されたため、「日本に対する請求権はこれ以上、行使できない」とくどいほどに明文化したのである。

「徴用工」を巡る韓国側の弱みはまさにこの事実にあった。韓国政府も２００５年８月、「徴用工問題で日本企業に賠償を求めるのは困難である」との見解を表明している。

そこで最高裁はこの条文をすり抜けるために詭弁を弄した。判決で「請求権協定は不法な支配に対する取り決めではない」と一方的に断じたうえ、それゆえに植民地支配による精神的苦痛への賠償はまだなされていない、との屁理屈を展開したのである。

もっとも、韓国政府も「出るところへ出れば負ける」と分かっているのだろう、日本が請求権協定で定められた仲裁委員会の設置を求めても無視した。

「すでに無効」で玉虫色の解決

では、韓国の最高裁は文在寅政権に協力するために「植民地支配不法論」を持ちだしたのだろうか。それだけではない。韓国社会全体の「日本の植民地になったことなどなかったことにしたい」という願望に応えたのである。

2018年の新日鉄住金判決の元となったのが2012年5月の最高裁の差し戻し判決だ。この判決文を書いた裁判官は「建国の心情で書いた」と周囲に語ったと報じられた。建国の心情——植民地だった過去を完全に否認し、新たな建国の歴史をつくるとの意気込みである。

この裁判官だけではない。21世紀に入り先進国意識が芽生えると韓国社会では、植民地の過去を完全に否定できなかった日韓基本条約を見直そう、との声が噴出した。「日帝時代」という呼称が「日帝強占期」に変わったのもこの頃である。

国交正常化交渉の際、韓国側は1910年の日韓併合条約が不法だったと日韓基本条約に盛り込むよう要求した。しかし、日本側が拒否したため「already null and void（すでに無効である)」との玉虫色の表現とすることで決着した。

日本側は1965年の基本条約締結時点で無効になったと読み、韓国側は初めから条約は存在しなかったと見なす仕組みである。両国政府はそれぞれの国民にそれぞれの立場でもって説明した。

だが、少し考えれば韓国側の説明は不自然である。併合条約が不法で初めから存在しなかったのなら、「すでに無効」との文言をわざわざ盛り込む必要はないからだ。

「徴用工」は「応募工」

韓国メディアも「植民地支配不法論」を全面的に応援した。そもそも、新日鉄住金に賠償を求めた朝鮮人労働者4人は徴用工ではなく、自身の希望で入社した応募工だった。だが、韓国メディアは「徴用工」と呼んだ。「不法な植民地支配下の不当な強制労働」とのニュアンスを込めるためである。

日本メディアまでが「徴用工」と呼び始めたので、麗澤大学の西岡力特任教授が安倍首相に進言。日本政府は「旧朝鮮半島出身労働者」という単語を使うことを決めた。

一方、韓国では「徴用」という言葉を下手に使うと、「徴用」という制度の存在——

つまりは、日本による植民地支配の合法性を認めたと見なされかねない、との指摘が出た。戦時に自国民を「徴用」するのは合法である。

そこで韓国紙は「強制」を冠して「強制徴用」との単語を使うのが一般的になった。他国民を「強制」労働させるのは国際法違反になるからだ。

2018年10月、検察は「徴用工」裁判を遅らせた罪で元裁判官を逮捕した。2019年2月には、前任の最高裁長官、梁承泰氏を「徴用工」裁判に介入し遅延させたとして起訴した。文在寅政権は「植民地支配不法論」を受け入れない人たちを根絶やしにするため、最高裁長官経験者までも収監したのである。

第三者弁済という罠

日本との関係改善を唱える尹錫悦政権も「植民地支配不法論」は否定しない。それどころか日本にそれを認めさせる巧妙な罠を仕掛けた。

「徴用工」裁判の解決策として、原告へは韓国政府傘下の財団「日帝強制動員被害者支援財団」が判決金相当額を支払う――という第三者弁済案を打ち出したのである。

第三者弁済は法的には日本企業に支払い義務があるとの認識が前提にあり、とりあえず第三者が代わって支払うということに過ぎない。しかし、これに乗った岸田政権は「国際法違反状態にある」との指摘を棚上げした。「徴用工」判決の正当性に同意した証拠として韓国側は利用していくであろう。

さらなる罠が「求償権」である。第三者弁済という法的枠組みなら、財団には代わりに支払ったおカネを日本企業に要求する権利――求償権が発生する。

２０２３年３月16日の記者会見で岸田首相は「［韓国政府傘下の財団による］求償権の行使は想定していないと承知している」と述べた。日本側に損はないと強調したつもりだろうが、求償権の存在を否定しなかったことにより「本質的には日本側に支払い義務がある」と、ここでも暗黙裡に認めてしまったのだ。

韓国の日本専門家、李元徳（イ・ウォンドク）国民大学教授は東京新聞を通じ「求償権を行使されたくなければ、日本側は財団にカネを出せ」と要求した。「元徴用工問題　韓国側が賠償肩代わりへ　岸田首相が解決策評価　月内にも日韓首脳会談」（２０２３年３月６日）である。

・賠償を肩代わりした財団が被告企業に対して持つ「求償権」が火種として残る可能

性がある。日米韓協力を外交目標とする尹政権の間は求償権を行使する心配はないが、政権交代があればその保証はない。ただ、基金［財団］に参加すれば求償権行使の大義名分はなくなる。

第三者弁済は日韓関係改善のために韓国が後退したと見せかけて、「植民地支配不法論」を日本に認めさせるための手の込んだ罠なのである。

「賠償判決」下した最高裁長官

尹錫悦政権の外交部長官ら外交関係者と財団の理事長は「日本はカネを払え」と合唱した。大統領自身も2024年2月7日に放送されたKBSとのインタビューで「徴用工」問題に関し「韓日関係の改善を願う両国企業人の協力」を訴えた。要は日本企業も財団に出資せよ、と要求したのだ。

それを突破口に日本政府にも「植民地支配の不法性」を認めさせる作戦であることはすでに述べた通りである。そもそも財団の名称は「日帝強制動員被害者支援財団」である。名前からして「非合法な併合下での不法な動員」を主張する組織なのだ。

尹錫悦大統領が「植民地支配不法論」の支持者である最大の証拠は最高裁長官人事だ。「徴用工」判決を推進した金命洙氏が2023年9月に任期を終えた後、新たな長官には曺喜大（チョ・ヒデ）元最高裁判事を指名した。

曺喜大氏は新日鉄住金に賠償金を支払うよう命じた2018年10月の「徴用工」裁判の裁判官であり、「賛成」の側に立った13人中11人のうちの1人だった。

朝鮮日報の司法記者、パン・グニョル氏は「【記者手帳】『ミスター少数意見』曺喜大候補者、徴用合議での判断は今も同じか」（2023年11月11日）で日韓関係の悪化はこの判決が一因と指摘したうえで、曺喜大次期長官が新たな火種になる可能性があると指摘した。

「植民地支配不法論」の長官の下、最高裁は遠慮なく日本企業に賠償判決を下すであろう、との予想からだ。実際、そうなった。2023年12月に発足した曺喜大体制の下で、最高裁は日本製鉄以外の日本企業に対しても賠償金を支払うよう命じ続けた。

2024年2月20日には「徴用工」裁判で敗訴した日立造船の供託金を原告に渡した。日本企業初の被害である。だが、日本政府は「被害が出れば報復する」との事前の警告を一切、実行しなかった。

「エリゼ」「佐渡」と相次ぐ罠

尹錫悦政権の仕掛けた罠は「徴用工」だけではない。尹徳敏（ユン・ドクミン）駐日韓国大使は2023年9月27日、講演で「日本からの解放80年になる2025年に新たな未来に向けての宣言が必要だ」と日本人に訴えた。

「フランスとドイツの和解・友好の礎となった1963年のエリゼ条約（仏独協力条約）に準ずる」宣言と説明した。「韓日も仏独のように戦争していた」ことが前提の宣言を通じ「1910年から1945年までの状態は独立国同士の戦争だった」――つまり「植民地ではなかった」と日本政府に認めさせる作戦である。

韓国は1987年の憲法改正で前文に「大韓民国臨時政府の法統」を謳い、1919年に上海で設立された臨時政府を継いでいると宣言した。

臨時政府も「証拠」に韓国では「日本が併合と主張する期間にも民族が維持した政府があったから植民地になったことはない」との認識が広まっている。ただ、この主張だと日韓併合条約の締結（1910年）から臨時政府設立（1919年）までの9年間、無政府状態だったことになるが、きちんと説明されることはない。

尹徳敏大使の「活躍」は佐渡にも及んだ。2024年4月4日、新潟県の花角英世知事を表敬訪問した。その後に記者団に対し日本政府が目指す「佐渡島の金山」の世界文化遺産登録に関し「マイナスの歴史もある。全体の歴史を表示できる形でやる必要があるのではないか。絶対反対ということではない」と述べた。

要は新潟まで行って、朝鮮人強制労働を認めないと登録に反対すると脅したのである。日本製鉄など大企業に加え、地方自治体まで使って日本政府の外堀を埋め「植民地支配不法論」を認めさせようとしたのだ。

韓国大使を信じた朝日記者

花角知事は尹徳敏大使に対し「政府間で議論して欲しい」と答え、罠にひっかからなかった。だが、地元記者の一部は大使の主張を素直に信じたようだ。4月10日の花角知事との会見で「知事の不誠実さ」を責めた。新潟県のホームページによると以下である。

・尹大使の仰る、戦時中にたくさんの韓国からの労働者たちが、厳しい環境の中で意思に反して動員された、労働したという、そのことについて、県としてはどういう

認識であるのか。史実について…。（新潟日報）

・尹大使としては、新潟県にさらに一層の何か協力を求めたと我々受け取ったのですけれども、少しやや冷たいような気もしたのですが、地元としてさらに…。（朝日新聞）

・何となくですけれども、尹大使がこの時期に新潟県と佐渡市を訪ねたことは、無駄足になってしまっている…。（朝日新聞）

左派政権のように露骨な反日・卑日ではないだけに、尹錫悦政権の罠は見落としがちだ。だが、騙しのテクニックが狡猾な分、日本にとってはタチが悪い。

慰安婦が「日本兵の同志」では困る

慰安婦問題がいっこうに解決しないのも「植民地支配不法論」が背景にある。慰安婦が強制連行でないのなら、当時の朝鮮人の少なくとも一部は、不法のはずの大日本帝国に協力していたことになってしまう。だからこそ、韓国政府は強制連行だったと認めろと日本政府に執拗に迫ってきた。

2014年、『帝国の慰安婦』を書いた朴裕河（パク・ユハ）世宗大教授が元慰安婦から名誉棄損で訴えられたのも、その意味では当然だった。朴裕河教授は「慰安婦は日本軍兵士と同志的関係にあった」と書いた。それが事実であろうとなかろうと、「植民地支配不法論」の立場から言えば抹殺したい本と筆者だったのだ。

実は、朝日新聞が慰安婦問題を大々的に報じた1991年の段階では韓国政府は相当に困惑した。当時は戦争を体験した韓国人が数多く存命中で「強制連行などなかった」というのが彼らの常識だったからだ。

その頃、筆者は韓国の高齢者から「我々を売春民族と決め付けたいのか」と難詰されたことがある。まだ日本人によるキーセン観光が残っていた時代だ。韓国人への偏見を強化するために朝日新聞が慰安婦を持ち出したと怒ったのである。

だが、韓国政府としては慰安婦問題に火をつけられた以上、「強制連行だった」ことにしてもらわないと立場がない。結局、河野洋平官房長官の「慰安所は日本軍が関与した」との談話を引き出し、とりあえずは決着した。

朴槿恵政権が慰安婦問題に火をつけたのは、前節で示したように、対中包囲網に加わらないためである。だが、背景には21世紀に入っての「植民地支配不法論」の台頭があった。

それを主張する以上、「慰安婦は強制連行だった」と明確に日本に認めさせないと整合性が取れなくなってしまう。それに今や韓国は「河野談話」という「日本の自白」を手にしているのだ。

『でっちあげの徴用工問題』

保守だろうが左派だろうが、韓国の政権は「植民地になったことなどなかった」という新たな歴史を国民に与えるため、日本に圧迫を加え続ける。

もし日本が「植民地支配不法論」を受け入れれば、天文学的な賠償金を要求される可能性が高い。韓国最高裁の判決によれば当時、日本でだろうと朝鮮だろうと過酷な労働を強いられた人と、その子孫すべてが原告の権利を持つからだ。ちなみに「過酷な労働」かどうかは自己申告による。証拠は不要である。

西岡特任教授が書いた『増補新版　でっちあげの徴用工問題』（草思社文庫、2022年10月発行）によると、「徴用工」で訴えられている日本企業は78社で、原告は1287人（「第4章　日韓関係を悪化させる日本人たち」）。最高裁は新日鉄住金を皮きりに1人あたり約1000万円の「賠償」判決を着々と下している。

78社以外にも韓国政府は「日帝強制動員現存企業299社リスト」を作成した。国立日帝強制動員歴史館の展示から「日帝強制動員現存企業」を西岡特任教授らが数えたところ275社を確認した。訴訟対象予備軍である。「第5章　日本企業を守れ」に企業リストが載っている。

供託金を没収された日立造船を除き、賠償金を支払う日本企業は出ていない。上場企業なら「不当な支出をした」として株主代表訴訟を起こされかねないからだ。韓国側もそれは織り込み済みだろう。

そこで韓国政府傘下の「日帝強制動員被害者支援財団」に日本の企業、あるいは財界が出資するよう要求している。これなら日本政府も仲介役として関与したことになり「植民地支配の不法性」を日本が国として認めたとの主張を強化できる。

ただ、日本政府はなかなか応じない。尹錫悦政権はさらなる迂回策を準備した。2023年3月、岸田政権に要求して経団連と全国経済人連合会（現・韓国経済人協会）に「未来パートナーシップ基金」を作らせた。この基金を「徴用工」向け賠償金に振り向けさせる作戦である。

「韓国人が納得できる謝罪を」

こんな見え透いた罠に日本がはまるとは考えにくい。だが、韓国はあきらめない。日本側に呼応する勢力がいるからだ。「日本の良心」を自負する朝日新聞は社説で繰り返し日本側の出資をさりげなく訴えてきた。

・目先の利害や日本国内の狭量な主張に縛られず、将来を見すえた大局的な判断が必要だ（「徴用工問題　解決へ日韓は誠意示せ」＝2023年4月23日）。
・徴用工問題を「済んだ話」と考えるのではなく、日本として過去を直視する姿勢を示し続けることが大切だ。関係強化につなげるためにさらに何ができるか。知恵を絞らねばならない（「徴用工問題　関係強化に資す努力を」＝2024年3月7日）。

自民党の閣僚経験者の中にも、韓国へのさらなる謝罪を訴える人がいる。石破茂衆議院議員である。東亜日報とのインタビュー「韓日ほど共通課題が多い国はない…両国首脳はとりあえず会え」（2021年11月24日）で以下のように語っている。

・韓国の国民が納得できる謝罪が何かに考えを及ぼすことが重要だ。なぜ、日韓関係がうまくいかないのか、韓国の国民が何を要求しているのか、きちんと理解しないと、また同じことを繰り返すことになるだろう。

韓国人は石破茂氏が首相になったら、と心待ちにしているに違いない。「韓国の要求を理解する」という日本の首相が登場した瞬間、「植民地支配を不法と認めろ」と要求すればいいのだ。

「植民地支配不法論」を日本に認めさせるのは決して不可能ではないのだ。朝日新聞や石破茂氏の言動を見る限り。

3 「アメリカの平和」に盾突く覚悟はあるのか

日本の植民地支配は不法だった——と世界に向け叫ぶ韓国。だが、それは「パクス・アメリカーナ」に盾突くことだ。韓国人に覚悟はあるのだろうか。

「戦後70年談話」に介入

2015年8月14日、安倍政権は「戦後70年談話」を発表した。これを巡る日韓の駆け引きは国際社会における韓国の微妙な立ち位置をあらわにした。

韓国政府は「戦後70年談話」に植民地支配への反省を入れるよう要求した。同年4月22日、柳興洙（ユ・フンス）駐日大使が都内での講演で「侵略、植民地、反省という3つのキーワードを使えば周辺国も国民も評価でき、世界的に輝く談話になる」と述べた。

もちろん「植民地」一般に対してではない。韓国を植民地にしたことを反省しろ、と要求したのだ。前節で詳述したように、韓国は日本に「植民地支配は不法だった」と言わせようと全力を挙げている。「反省」は「不法認定」への伏線だ。

韓国が同時に要求した「侵略」は「植民地」との整合性をとるためだろう。日本の朝鮮半島支配は侵略戦争の結果だったと主張しておかないと、「正式な条約を結んでの併合」を認めたと言われかねないからだ。韓国は1987年の憲法改正以降、大日本帝国と上海で設立された大韓民国臨時政府が戦っていたとの立場を採っている。

結局、さまざまの論議を経て安倍政権は戦後70年談話に「植民地」「反省」「侵略」の3つの言葉を盛り込んだ。しかし、韓国の仕掛けをするりとすり抜ける巧妙な論理構成だった。

「植民地」は4つの段落で出てくるが、もっとも集中的に登場するのは2番目の段落である。以下だ。

・百年以上前の世界には、西洋諸国を中心とした国々の広大な植民地が、広がっていました。圧倒的な技術優位を背景に、植民地支配の波は、十九世紀、アジアにも押し寄せました。その危機感が、日本にとって、近代化の原動力となったことは、間違いありません。アジアで最初に立憲政治を打ち立て、独立を守り抜きました。日露戦争は、植民地支配のもとにあった、多くのアジアやアフリカの人々を勇気づけました。

韓国を小馬鹿に

「日本による植民地支配」ではなく「西洋による植民地支配」を論じたのだ。韓国は完全に肩すかしを食わされた。馬鹿にされたと感じた韓国人もいたに違いない。

「西洋の植民地支配の波を近代化の原動力とした日本」とのくだりを普通の韓国人が読めば「近代化できなかった李氏朝鮮」を思い起こす。「日露戦争はアジア人を勇気づけた」部分は、「ロシアを頼った結果、日本の植民地に転落した李朝」を当てこすっているように読める。

「侵略」は1カ所に出てくる。

・事変、侵略、戦争。いかなる武力の威嚇や行使も、国際紛争を解決する手段としては、もう二度と用いてはならない。

「侵略」はあくまで一般論として否定されているだけで、韓国の植民地化を思わせる表現は一切ない。
「反省」も1カ所だ。

・我が国は、先の大戦における行いについて、繰り返し、痛切な反省と心からのお詫びの気持ちを表明してきました。その思いを実際の行動で示すため、インドネシア、フィリピンはじめ東南アジアの国々、台湾、韓国、中国など、隣人であるアジアの人々が歩んできた苦難の歴史を胸に刻み、戦後一貫して、その平和と繁栄のために力を尽くしてきました。

「反省を入れよ」と要求した韓国に対し「反省なら何度もしていますよ」と逆ねじをくわせたのだ。さらに「アジアの隣人の平和と繁栄のために力を尽くしてきました」と主張し、「経済成長は誰のおかげか」と韓国の痛いところを突いたのだ。

要求された3つのキーワードをすべて盛り込みながら韓国の意図には沿わず、むしろ韓国を揶揄した戦後70年談話。よほど皮肉屋で、答弁技術に熟達した役人が書いたに違いない。

ハワイ併合に文句？

戦後70年談話に対し、朴槿恵大統領は翌8月15日の光復節演説で「我々とすれば残念な部分が少なくないことは確かだ」と不満を漏らしながらも、強くは反発しなかった。

２０１３年２月の就任以来、世界各国の首脳と会うたびに「日本は謝罪していない」と告げ口外交に専念してきたのが朴槿恵大統領だ。というのに、韓国を小馬鹿にした「戦後70年談話」には反撃しなかった。日本を非難すれば、米国も批判することになってしまうからであろう。

「戦後70年談話」が表明した反省の対象は「新しい国際秩序への挑戦者となり、戦争への道を突き進んだ」ことだ。根には「日本が第１次世界大戦後に生まれた植民地を否定する民族自決の動きや、戦争自体を違法化する新たな国際潮流を見失ったこと」があると自省した。

第１次世界大戦（１９１４－18年）後の日本に限って反省したのだ。１９１０年に植民地化された韓国にすれば、反省の対象からすっぱりと外されたのである。朴槿恵大統領が日本の「都合のいい線引き」を糾弾してもおかしくない。

だが、韓国が「第1次世界大戦前の植民地化も反省せよ」と要求すれば、1898年の米国のハワイ併合やフィリピン併合にも文句を付けることになってしまう。

ちなみに中国要人は米政府関係者と会うと「ハワイは中国領」と主張するようになった。中国人移民が多く住んでいたハワイを米国が不法に併合した、との理屈である。米帝国主義を言挙げすることで、中国のアジアへの不法進出への批判を抑え込む作戦だろう。

韓国こそ歴史修正主義

韓国にとって「フィリピン併合」は微妙な問題だ。1905年の「桂・タフト協定」で、日本は米国によるフィリピン領有を、米国は朝鮮が日本の指導下にあることを認め合った。韓国人にとっては米国から見捨てられた憤懣の歴史だ。

米国への不信感を募らせる時、韓国人は今でも「桂・タフト協定」を持ち出す。韓国の為政者が大日本帝国を非難するには米帝国主義と対決する覚悟がいるのだ。朴槿恵大統領も光復節演説で戦後70年談話に言及した際、以下のように一定の評価をせざるを得なかった。

・日本の侵略と植民地支配がアジアの様々な国の国民に損害と苦痛を与えたことと、慰安婦という被害者らに苦痛を与えたことへの謝罪と反省を根幹にした歴代内閣の立場が今後も揺るがないと国際社会にはっきり明らかにした点に注目する。

「戦後70年談話」では「慰安婦」とは一言も言っていない。「韓国を侵略した」とのくだりもない。朴槿恵大統領は「日本に弱腰」との非難を避けるには〝誤読〟するしかなかったのだろう。

安倍政権の発足以来、韓国外交部は中国と組んで「安倍は危険な歴史修正主義者」と宣伝して回った。侵略の歴史を認めず戦後秩序を破壊する世界の敵、と決め付けたのだ。米国だけではない。欧州の外交関係者からも「韓国の陰謀に注意せよ」と忠告されたことがある。

「戦後70年談話」は中韓の陰謀を突き崩したうえ、韓国に対し「この談話を批判したらお前こそが歴史修正主義者になるぞ」と威嚇したのである。

談話を書いた日本の役人は朴槿恵大統領の反応を見て「やはり、米国に盾突く根性はなかったな」と大笑いしたことだろう。

「傷心の朴槿恵」を取り込んだ中国

日本を嵌めようとして見事に失敗した朴槿恵大統領。傷心の彼女を癒すことで取り込もうとした国がある。中国だ。２０１５年９月３日、北京で「抗日戦勝70年記念式典」を開催した。人民解放軍の軍事パレードを参観する天安門壇上で、朴槿恵大統領は習近平主席のすぐ前、プーチン大統領の隣という高い序列の席を与えられた。

日本を含め西側の政府高官は参加しなかった。米国は前々から韓国に対し、朴槿恵大統領が出席しないよう強く求めていた。警告を無視された米国は当然、激怒した。１カ月半後の米韓首脳会談後の記者会見で、オバマ大統領は朴槿恵大統領を横に「米国側に立たない韓国」を難詰することになる。

唯一の同盟国である米国との関係が決定的に悪化することは予想されていた。それなのに朴槿恵大統領が「抗日戦勝70年記念式典」に参加したのはなぜだろうか。

式典の名称から分かる通り、中国が「戦勝国」のタイトルを与えてくれるからだった。日本との戦争での勝った側の一員に認定されれば当然、第２次大戦の交戦国のひとつということになる。長い間欲しかった「植民地になったことなどなかった歴史」の貴重な証拠にできるのだ。

そもそも世界は大韓民国臨時政府に冷たかった。1919年の設立以降、戦争直後に消滅するまで米国や中華民国を含めて承認した国はなかった。「政府」を名乗っていても、国民も領土も持たなかったからである。

光復軍という名の軍隊も持ったことにはなっていたが、日本との戦闘に参加した証拠はない。臨時政府自体が国際的な承認を得られなかったので当然、光復軍も「国軍」に扱われなかった。

「Ugly Korean」

日本との戦争終結を確定したサンフランシスコ講和会議(1951年)にも米国など戦勝国は韓国を呼ばなかった。交戦国ではない——「朝鮮半島は日本の一部であった」との認識からだ。

太平洋で日本軍と戦った米英豪蘭軍から見れば、コリアンも日本軍の構成員だった。フィリピンで捕虜収容所長を務め、戦後に戦犯として処刑された洪思翊(ホン・サイク）将軍は朝鮮出身である。

シンガポールの軍事博物館で、英国人捕虜が描いた「Ugly Korean」と題する鉛筆画を見たことがある。捕虜を手荒く扱う朝鮮人軍属を憎々しげに描いた絵であった。

韓国人は日韓関係を独仏関係になぞらえて語るのが好きだ。対等に交戦した国同士、と言いたいのだ。しかし、日本を第２次世界大戦時のドイツに例えるのなら、韓国はフランスではなく、ドイツと手を組んだオーストリアに近い。

連合国から戦勝国として扱われなかったのは当然である。「戦犯国」に見なされなかっただけでも御の字とせねばならない。一昔前までの韓国人もそれは分かっていた。だからサンフランシスコ講和会議に呼ばれなくとも、戦勝国の仲間に入れて貰えなくとも大きな不平を鳴らすわけでもなく、その処遇を受け入れたのだ。

今になって韓国が「我が国を戦勝国として扱え」「日本の植民地になったことなどない」と主張するなら、サンフランシスコ平和条約を否認し、米国が定めた太平洋の戦後秩序「パクス・アメリカーナ」に異議を唱えることになる。韓国は米国を中心とする西側にいる限り、「植民地だった」歴史を引きずっていかざるを得ないのである。

「告げ口外交」では勝てない

文在寅政権は「米国側の国」をやめた。前節で詳述した通り、最高裁に「徴用工」裁判を再開させて日本企業に賠償を命じた。サンフランシスコ講和条約に基づいて結んだ日韓基本条約を堂々と破ったのである。

この危うさを指摘する記者がわずかながらいた。保守系紙、朝鮮日報の鮮于鉦（ソヌ・ジョン）社会部長である。「【鮮于鉦コラム】文政権、非難ばかりせずに自分でやってみろ」（2018年11月7日）で最高裁の「徴用工」判決に関し、次のように書いた。

・政府は「判決を尊重する」と言う。［それなら］文政権は日本を相手に数多い被害者の賠償権を実現するために、外交的な保護権を行使せねばならない。（中略）植民地賠償を主張せねばならない。

「賠償を要求せよ」と書いたが、これが鮮于鉦部長の言いたいことではない。「賠償を要求するには先進国を敵に回す覚悟がいる。その覚悟はあるのか。あるのならやれ」と政権に迫ったのだ。

・依然、世界の秩序を主導する昔の帝国主義国家が植民地支配をどのように受け止めているのか、その視線を感じよ。
・53年前に請求権協定に署名したいわゆる「積弊」たちが、時代と国力の限界の中でどれほどの苦労を経験して結実を成し遂げたのか、その一部でも共感せよ。非難ばかりせずに自分でやってみよ。

鮮于鉦部長の主張には根拠がある。「告げ口外交」に専念した朴槿恵大統領は、2013年11月の欧州訪問時にも「日本は従軍慰安婦で謝罪していない」と言って歩いた。もちろん、欧州首脳は聞き流した。作家の塩野七生氏は「旧植民地帝国の集まりのような欧州」で、日本の植民地支配を非難したことを「外交感覚の救いようのない欠如」と酷評した（拙著『米韓同盟消滅』第3章第3節「墓穴を掘っても『告げ口』は止まらない」）。

「西洋の没落」に小躍り

では、保守の人々は「米国側」に居続けるつもりだろうか。そうとは限らない。意図せずして本音が露呈したのが2020年春、新型コロナが世界を襲った時だった。

韓国紙が一斉に「西洋の凋落」を謳いあげたのだ。西洋では東洋以上に流行が激しいことを根拠に、その歴史的な優位が揺らいだと断じたのである（『韓国民主政治の自壊』第1章第1節「『西洋の没落』に小躍り」）。

世界が新型コロナと戦う中「西洋の苦難」に快哉を叫んだのは韓国ぐらいだろう。書いたのはいずれも保守系紙のシニア記者だった。国際情勢に明るく、反米的あるいは親中派とは見なされていない、韓国でも一目置かれてきた人たちである。

中央日報のコ・デフン首席論説委員は「西洋優越主義の終焉?」（2020年4月3日）でこう書いた。

・新型コロナウイルス感染症は挑発する。米国と欧州の西洋優越主義の神話に疑問を投げかける。「グローバルリーダーの米国」「先進国の欧州」という固定観念を拒んでいる。国際秩序を主導してきた大西洋同盟を揺るがす。

・19世紀の植民地主義、20世紀の第1次・第2次世界大戦を経て、ソ連解体と冷戦終結、米国の独走まで200年の長い歳月、世界に号令をかけていた西洋の覇権を脅かす。飛行機に乗ったウイルスにもろくも翻弄される自らの実体と墜落に西欧は慌てている。

帝国の人間には理解できない

「西洋による世界支配」の終焉をこんなにも韓国人が願っていたとは……。筆者はこの時、初めて韓国人がいかに「植民地だった歴史」を消し去りたいのか、に思い至ったのである。

筆者だけではないだろう。19世紀、帝国主義の猛威をふるった西洋や、いち早く西洋化してその隊列に加わった日本の人々には、韓国人の心の奥底は容易には分からないのだ。

あとがき――もし、IMF危機が起きなかったら

もし、1997年にIMF危機に襲われなかったら、どんな韓国になっていたのだろうか――。今も時々、考える。少子高齢化は進んだにしろ、これほど早いペースではなかったろう。

第1章第2節で書いたように、出生率の急激な低下の主因はIMF危機が生んだ激しい競争社会にあるからだ。

それまで韓国社会は「情」をキーワードに回っていた。「貧しいのだから皆が助け合って生きて行くべきだ」という社会規範が存在した。企業も一度採用した人は定年まで雇うのが正しいあり方と信じられていた。

だが、IMF危機で倒産が多発した。生き残った企業も大量の人員を馘首せざるを得なかった。危機の後もほとんどの企業で終身雇用制が復活することはなかった。代わりに名誉退職という名の事実上の40歳代定年制が定着した。人々は企業や国家の発展とと

もに自分も豊かになれる、との夢を捨てた。当時、韓国の友人がポツリと漏らした言葉がある。「男一匹、自力で生きて行くしかない、ということがようやく分かった」。財閥に対する不信感も広がった。多くの人が経済的に破綻したというのに、生き残った財閥のオーナー一家はやりたい放題。そもそもＩＭＦ危機は財閥の欲深な放漫経営も原因だったのである。

もし、ＩＭＦ危機が起きていなかったら階級格差への不満は高まらず、映画「パラサイト　半地下の家族」（２０１９年）は生まれず、カンヌ国際映画祭で韓国初の最高賞をとることもなかったろう。

「韓国のヌーベルバーグ」と呼ばれた映画「風吹く良き日」（１９８０年）も貧しいソウル市民を描いた。だが、映画の主人公、田舎から出てきた青年らは時に傲慢な金持ちに憤りながらも、将来の夢を語り合った。閉塞感一色の「パラサイト」と並べてみると、時代の空気が明らかに変わったことがよく分かる。

もし、ＩＭＦ危機が起きていなかったら、その真っただ中に実施された大統領選挙で金大中政権は誕生しなかった可能性が大きい。金大中候補に対しては北朝鮮との関係から危険視する向きもあった。しかしＩＭＦ危機という屈辱に直面していた韓国人は、それを引き起こした保守に絶縁状を叩きつけ、初の左派政権を誕生させた。これ以降、韓国は保守と左派が政権を交代する時代に突入する。

金大中政権は史上初の南北首脳会談を実現し、北朝鮮への援助に乗り出した。瀕死の北朝鮮は生き返り、核開発に邁進することとなる。北の核を巡り韓国の左右対立は激化し、内政・外交ともに混乱期が始まるのだ。

第3章第1節で指摘したように、IMF危機は米国が、中国にすり寄った金泳三政権にお仕置きした側面が強い。韓国の指導層は「日本の貸し剝がしにより危機が起こった」と国民を洗脳した。だが、米国のファンドは韓国の金融機関を買い叩いた後、高値で売り払った。韓国には米国に対する割り切れない感情が生まれた。

2013年、米国の情報関係者に「あれで韓国を中国・北朝鮮側に押しやったな」と言ったら、何も答えずただ、ニヤリと笑った。

もし、IMF危機が起きていなかったら、朝鮮半島は今ほど不安定になっていなかったであろう。だが、起きてしまったことだ。日本はそれに対応するしかないのだ。

2024年8月

鈴置高史

［図表一覧］

鈴置高史　1954年生まれ。韓国観察者。日本経済新聞でソウル特派員、香港特派員、経済解説部長などを歴任。2002年度ボーン・上田記念国際記者賞を受賞。著書に『米韓同盟消滅』など多数。

Ⓢ新潮新書

1057

韓国消滅《かんこくしょうめつ》

著　者　鈴置高史《すずおきたかぶみ》

2024年 9 月20日　発行

発行者　佐　藤　隆　信

発行所　株式会社 新潮社

〒162-8711　東京都新宿区矢来町 71 番地
編集部 (03) 3266-5430　読者係 (03) 3266-5111
https://www.shinchosha.co.jp
装幀　新潮社装幀室
組版　新潮社デジタル編集支援室

印刷所　錦明印刷株式会社
製本所　錦明印刷株式会社

ISBN978-4-10-611057-3 C0230

価格はカバーに表示してあります。